96a

109

Rosenthaler
Platz Ⓤ

Prenzlauer Allee

Rosa-Luxemburg-
Platz Ⓤ

Weinmeisterstr. Ⓤ

Mollstr.

2

burger Str.

S
anienburger
Str.

Hackescher
Markt

S

Alexanderplatz

Otto - Braun - Str.

Karl-Marx-Alle

Ⓤ

1

5

Alexander-
platz

S

Ⓤ

Ⓖ 15

Ⓐ 26

Karl - Liebknecht - Str.

Spandauer Str.

Grunerstr.

Alexanderstr.

Ⓤ Klosterstr.

Unter den Linden

Ⓐ 4

Werderstr.

Stralauer Str.

Jannowitz-
brücke

Ⓤ

S

Hausvogtei-
platz Ⓤ

Gertrauden

Ⓐ 28

Ⓐ 3

Ⓤ
Stadtmitte

Ⓤ

Märkisches
Museum

Leipziger Str.

Ⓤ
Spittelmarkt

Ⓤ H.-Heine-Str.

Heinrich - Heine - Str.

Ⓐ 22

Kochstr.

Lindenstr.

Oranienstr.

Ⓤ Moritzplatz

© L&H Verlag Hamburg/Kontur

Berliner
Museumsführer

Abenteuer Museum

Anke Küpper

L&H VERLAG

Impressum

© Copyright by L&H VERLAG GmbH
Baumwall 5, D-20459 Hamburg
Telefon 040-36 97 72 45, Fax 040-36 97 72 60
Alle Rechte beim L&H Verlag. Reproduktionen, Speicherungen
in Datenverarbeitungsanlagen, Wiedergabe auf elektronischen,
fotomechanischen, fotografischen oder anderen Wegen, über TV,
Funk oder als Vortrag – auch auszugsweise – nur mit ausdrück-
licher Genehmigung des L&H Verlages.

Konzept, Koordination: Wolfgang Henkel, Jens Lehnigk,
beide L&H VERLAG, Hamburg
Redaktion: Anke Küpper, L&H VERLAG
Fotos: einzelne Museen
Satz: L&H VERLAG, PROMAR HAMBURG GWA
Kartografie: L&H VERLAG/Kontur, Berlin
Litho, Druck, Verarbeitung: Gustav A. Schmidt, Hamburg

Die Deutsche Bibliothek – CIP-Einheitsaufnahme
Küpper, Anke
Berliner Museumsführer für Kinder / Anke Küpper.
– 1. Aufl. –
Hamburg: L&H Verlag, 1997

Printed in Germany
1. Auflage 1997

ISBN 3-928119-18-4

Inhalt

Alphabetisches Museumsregister

*=Zur besseren Auffindung von uns veränderte Bezeichnung

So nutzen Sie den Berliner Museumsführer für Kinder

Das Buch ist alphabetisch nach den offiziellen Museumsnamen geordnet.

Das alphabetische Museumsregister berücksichtigt aber auch populäre und ähnliche Bezeichnungen, so daß eine Auffindung schnell möglich ist.

Jedes Museum ist mit einer Ziffer (z.B. 23 für Museumsdorf Düppel) gekennzeichnet. Diese Ziffern finden Sie in den Karten und zu Beginn jeder Museumsbeschreibung wieder.

Die Berlin-Karte und die Umgebungskarte geben Auskunft über die Lage.

Alle beschriebenen Museen sind für Kinder und Jugendliche aller Altersgruppen geeignet. Die besondere Eignung für spezielle Altersgruppen wird so deutlich gemacht:

 4 - 6 Jahre

 6 - 10 Jahre

 10 - 16 Jahre

Vorwort

Über den Unterschied zwischen Christoph Columbus und einem Museumsbesucher

Ein Berliner Museumsführer wie dieser ist eine Einladung zu einer Endeckungsreise, ist die Verführung zu einem kleinen Abenteuer. Nicht so gefährlich und langwierig wie die Fahrt über den Atlantik, mit der Columbus den Seeweg nach Indien finden wollte, aber schließlich Amerika entdeckte.

Das kann man in Berlin auch. Nicht den Atlantik überqueren (obwohl wunderschöne Schiffsmodelle im Deutschen Technikmuseum zu bestaunen sind). Aber die Kultur der Indianer kann man in den Staatlichen Museen ebenso bewundern wie die Häuser und Boote der Südsee-Kulturen. Was Columbus nur als Idee leitete, ist für den Nutzer des Museumsführers daheim in Ruhe zu planen und dank der Karten kinderleicht in der großen Stadt Berlin aufzufinden. Und Planung ist heute wichtig, weil im Unterschied zum 15. Jahrhundert die großen und kleinen Entdecker nicht zu jeder Tages- und Nachtzeit „anlanden" können, sondern auf die Öffnungszeiten der musealen Schatzkammern Berlins achten müssen.

Apropos Schatzkammern: Die sind über das ganze Stadtgebiet verteilt. Vom Heimatmuseum in der Nachbarschaft über die großen Häuser der städtischen Museen und der Stiftung Preußischer Kulturbesitz bis hin zu den Schlössern in Berlin und Potsdam reicht die Auswahl. Von den Geschichts-, Natur- und Technikmuseen bis zu den großen und Weltruf genießenden Kunst- und Kulturmuseen werden für jeden Geschmack, jede Epoche und jedes Alter Erlebniswelten angeboten, in die ich herzlich einladen möchte.

Experimente der Technik, Eisenbahnen und Maschinen, die Wohnräume der preußischen Könige, vorderasiatische und ägyptische Tempel, Mumien und Alltagsgegenstände der Antike, spannende Ausstellungen der deutschen und der Stadt- und Heimatgeschichte, ein komplettes Museumsdorf und ein alter Gutshof mit Tieren, Saurier und urzeitliche Pflanzen warten auf Entdecker. Es gibt gerade für Kinder und Jugendliche viele spezielle Angebote, auch zum Selbermachen in den einzelnen Häusern, die auf den folgenden Seiten vorgestellt werden.

Und wann kommt Ihr mit Euren Freunden an Bord?

Peter Radunski
Senator für Wissenschaft, Forschung und Kultur

PS.: Auch Eltern sind als Endecker zugelassen!

Diese Museen sind besonders geeignet für diese Altersgruppen

 4 – 6 Jahre

- **5** Deutsches Technikmuseum
- **6** Domäne Dahlem
- **12** Jugend im Museum e.V.
- **14** Juniormuseum
- **16** Kinder- & Jugendmuseum Prenzlauer Berg
- **15** Kindergalerie
- **17** Kinder-Kunst-Museum
- **27** Puppentheater-Museum
- **29** Studio MPD
- **32** Waldmuseum

 6 – 10 Jahre

- **2** Archenhold Sternwarte
- **3** Computer- und Videospiele Museum
- **5** Deutsches Technikmuseum
- **6** Domäne Dahlem
- **8** Feuerwehrmuseum Berlin
- **11** Historischer Hafen Berlin
- **12** Jugend im Museum e.V.
- **13** Jugendmuseum Schöneberg
- **14** Juniormuseum
- **15** Kindergalerie
- **16** Kinder- & Jugendmuseum Prenzlauer Berg
- **17** Kinder-Kunst-Museum
- **18** Museum für Naturkunde
- **20** Museum für Völkerkunde
- **23** Museumsdorf Düppel
- **24** Musikinstrumenten-Museum

25 Naturwissenschaftliche Sammlungen
27 Puppentheater-Museum
28 Schulmuseum
29 Studio MPD
30 Teddy-Museum
32 Waldmuseum

 10 – 16 Jahre

1 Ägyptisches Museum
2 Archenhold Sternwarte
3 Computer- und Videospiele Museum
4 Deutsches Historisches Museum
5 Deutsches Technikmuseum
6 Domäne Dahlem
7 Dorfmuseum Marzahn
8 Feuerwehrmuseum Berlin
9 Gedenkstätte Deutscher Widerstand
10 Haus der Wannsee-Konferenz
11 Historischer Hafen Berlin
12 Jugend im Museum e.V.
13 Jugendmuseum Schöneberg
14 Juniormuseum
15 Kindergalerie
16 Kinder- & Jugendmuseum Prenzlauer Berg
17 Kinder-Kunst-Museum
18 Museum für Naturkunde
19 Museum für Post und Kommunikation
20 Museum für Völkerkunde
21 Museum für Volkskunde
22 Museum Haus am Checkpoint Charlie
23 Museumsdorf Düppel
24 Musikinstrumenten-Museum
25 Naturwissenschaftliche Sammlungen
26 Pergamonmuseum
27 Puppentheater-Museum
28 Schulmuseum
29 Studio MPD
31 Topographie des Terrors
33 Zucker-Museum

Tarifbereiche Berlin und Umland

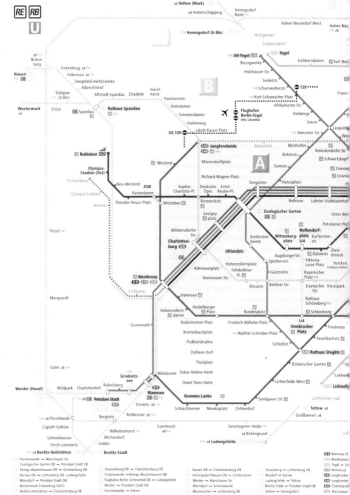

Legende:

- ○ Umsteigemöglichkeit
- **DB** Fernbahnhof
- **ZOB** Zentraler Omnibusbahnof am Funkturm (ZOB)
- Behindertengerechter Zugang
- Behindertenfreundlicher Zugang
- Parkplatz für Schnellbahn-Fahrgäste
- Strecke im Bau
- Züge in Pfeilrichtung halten nicht am Bhf Ostkreuz
- Nur bei Großveranstaltungen und im Nachtverkehr Fr./Sa, Sa/So ca. 1.00–4.00 Uhr

Bezeichnung der Bahnhöfe unter Fortlassung der Tarifbezeichnung Berlin bzw. Potsdam.

Information:

Kundendienste:
BVG
☎ (030) 19 449

Deutsche Bahn AG
Geschäftsbereich Nahverkehr
Regionalbereich Berlin/Brandenburg
Martin-Luther-Str. 1-1a, 10777 Berlin
☎ 01803 194 195

S-Bahn Berlin GmbH
Kundenbüro
Invalidenstr. 130/131, 10115 Berlin
☎ (030) 297 19 843

ViP GmbH
14467 Potsdam, Holzmarktstr. 6-7
☎ (0331) 237 52 75/76

HVG mbH
14467 Potsdam, Am Bassin 7
☎ (0331) 29 29 66

Basdorf
Bernau (b Bln)
Zepernick (bei Bernau)
Röntgental
Buch
Karow
Schönwalde (Barnim)
Schönerlinde

Werneuchen
Seefeld (Mark)
Blumberg (b Bln)
Ahrensfelde Nord
Ahrensfelde Friedhof

Ahrensfelde
Mehrower Allee
Raoul-Wallenberg-Str.
Marzahn
Poelchaustr.
Springpfuhl

Wartenberg
Hohenschönhausen
Gehrenseestr.

Strausberg Nord
Strausberg Stadt
Hegermühle

Hönow
Louis-Lewin-Str.
Cottbusser Platz
Hellersdorf
Neue Grottkauer Str.
Kaulsdorf-Nord

Strausberg
Petershagen Nord
Fredersdorf (b Bln)
Neuenhagen (b Bln)

Hoppegarten (Mark)

Wuhletal
Kaulsdorf
Elsterwerdaer Platz
Biesdorf-Süd
Friedrichs-felde Ost
Biesdorf
Mahlsdorf
Birkenstein

Karlshorst
Wuhlheide
Köpenick
Hirschgarten

Friedrichshagen
Rahnsdorf
Wilhelmshagen

Erkner
Fangschleuse
Hangelsberg

Fürstenwalde (Spree)

Spindlersfeld

Betriebsbahnhof Schöneweide
Adlershof

Grünau
Eichwalde

Zeuthen
Wildau

Königs Wusterhausen

Flughafen Berlin-Schönefeld

Altglienicke
Grünbergallee

Rudow 171

Alt-Mariendorf
Lipschitzallee
Wutzkyallee
Zwickauer Damm

Dahlewitz
Rangsdorf
Dabendorf
Zossen
Wünsdorf

Lichtenrade
Mahlow

Schönwalde (Barnim)
Wittenau
Wilhelmsruh
Schönholz
Alt-Reinickendorf
Wollankstr.
Blankenburg
Pankow-Heinersdorf
Pankow

Vinetastr.
Bornholmer Str.

Schönhauser Allee
Gesundbrunnen
Eberswalder Str.
Senefelderplatz
Alexanderplatz
Rosa-Luxemburg-Platz
Weinmeisterstr.
Schillingstr.
Strausberger Platz
Weberwiese
Petersburger Str.
Samariterstr.
Frankfurter Allee
Magdalenenstr.
Lichtenberg
Hauptbahnhof
Warschauer Str.
Jannowitz-brücke
Heinrich-Heine-Str.
Moritzplatz
Prinzenstr.
Görlitzer Bahnhof
Schlesisches Tor
Ostkreuz
Nöld-nerplatz

Prenzlauer Allee
Greifswalder Str.
Landsberger Allee
Storkower Str.

Klosterstr.
Märkisches Museum
Spittelmarkt
Hausvogteipl.
Stadtmitte
Hallesches Tor
Kottbusser Tor
Gneisenaustr. Südstern

Flughafen Berlin-Tempelhof
Boddinstr.
Leinestr.

Hermannplatz
Rathaus Neukölln
Karl-Marx-Str.
Plänterwald

Treptower Park
Rummels-burg
Betriebsbhf Rummelsburg
Baumschulenweg

Hermannstr.
Neukölln
Grenzallee
Blaschkoallee
Parchimer Allee
Britz-Süd
Johannisthaler Chaussee

Köllnische Heide
Schöneweide
Ober-spree

Nackener Markt
Hansavierte...

Basdorf

Blankenburg

Wittenau

Vinetastr.

Osloer Str.
Bornholmer Str.

Kurt-Schumacher-Platz

Rehberge
Seestr.
Leopoldplatz
Amrumer Str.
Wedding

Voltastr.
Bernauer Str.
Rosenthaler Platz

Oranienburger Str.
Oranienburger Tor
Friedrichstr.
Nordbahnhof

Ullsteinstr.
Westphalweg

Parchimer Allee

Hermannstr.

Wutzkyallee

Lichtenrade
Mahlow

Stand 01. Juni 1997
Herausgeber BVG, Zentralbereich Absatzwirtschaft

Potsdam Stadt DB ↔ Ahrensfelde
Westkreuz ↔ Wartenberg
Bernau DB ↔ Grünau
Westkreuz ↔ Flughafen Berlin-Schönefeld DB
Birkenwerder ↔ Spindlersfeld

Krumme Lanke ↔ Warschauer Str.
Uhlandstr. ↔ Wittenbergplatz (↔ Warschauer Str.)
Ruhleben ↔ Warschauer Str.
Ruhleben ↔ Vinetastr.
Nollendorfplatz ↔ Innsbrucker Platz

Alexanderplatz ↔ Hönow
Alt-Tegel ↔ Alt-Mariendorf
Rathaus Spandau DB ↔ Rudow
Wittenau ↔ Hermannstr.
Rathaus Steglitz ↔ Osloer Str.

Die Tarife der Tarifbereiche A B C
umfassen die Verkehrsleistungen
folgender Unternehmen

Vorweg

Liebe Eltern, Lehrer, Großeltern und Freunde aller Kinder!
Liebe Kinder und Jugendliche!

Die Museen und der Buchhandel waren begeistert, als sie davon hörten, daß wir den ersten Berliner Museumsführer für Kinder herausbringen wollen. Wir hoffen, daß das Ergebnis alle erfreut und wir viele Anregungen für neue Freizeiterlebnisse geben können.

Wir haben dieses Buch speziell für Eltern und ihre Kinder im Alter von 4 bis 16 Jahren gemacht. Dabei ging es nicht darum, lexikalisch alle Museen zu erfassen. Vielmehr lag uns am Herzen, durch eine kindgerechte Auswahl Orientierung und spezielle Anregung zu geben.

Dies ist kein allgemeiner Kinder-Freizeitführer. Dies ist auch kein Eltern-Buch. Thema dieses Buches sind die Museen in Berlin, die besonders geeignet für Kinder sind.

Wir legen deshalb soviel Wert auf diese Definition, weil die Grenzen zwischen Freizeitparks und Museen häufig immer fließender werden. Wir wollen bewußt die Grenze ziehen und das Museum als einen Ort der Wissensvermittlung und (!) der Unterhaltung deutlich machen.

In einer Zeit, die speziell an Eltern und Kinder hohe Anforderungen stellt, in der es an Orientierung mangelt und in der Stabilität häufig ein Fremdwort ist, kommt dem Museum neben der wissenschaftlichen Arbeit auch eine außerordentliche gesellschaftliche Funktion zu. Wir haben uns bemüht, präzise zu recherchieren, immer direkt vor Ort. Wir haben so knapp wie möglich beschrieben, so ausführlich wie erforderlich dokumentiert. Sollten Sie trotzdem auf Fehler stoßen, so informieren Sie uns bitte.

Unser Dank geht an die Museen, die uns mit Basismaterial versorgt haben, meist schnell und mit Begeisterung.

Allen Kindern viel Spaß beim Abenteuer Museum!

Wolfgang Henkel   Jens Lehnigk

Berlin 1997

Ägyptisches Museum und Papyrussammlung

Die faszinierenden und geheimnisvollen Ausgrabungen aus dem alten Ägypten – ganz besonders die Büste der wunderschönen Königin Nofretete – bezaubern nicht nur kleine Archäologen.

⌨ Schloßstr. 70, 14059 Berlin

✆ 030-320 91-1

🕐 Di–Fr 9–17 Uhr, Sa und So 10–17 Uhr
Geschlossen: 1.1., 24., 25. und 31.12. sowie am Dienstag nach Ostern und Pfingsten

🍴 Kinder, Jugendliche: DM 4,-; Jahreskarte (für alle staatlichen Museen) DM 30,-; Erwachsene: DM 8,-; Eintritt frei jeden 1. Sonntag im Monat

☞ Gruppenführungen nach Vereinbarung, Anmeldung beim Museumspädagogischen Dienst bei Gisela Hollenbach unter ✆ 030-830 14 66

🚌 U-Bahn bis Richard-Wagner-Platz oder Sophie-Charlotte-Platz; Bus X21, X26, 109, 110, 145

🚗 Stadtautobahn Ausfahrt Spandauer Damm

P Kostenloser Parkplatz vor dem Schloß Charlottenburg

♿ Eingeschränkt behindertengerecht (Hilfe von Begleitpersonen notwendig)

Nofretete ist ägyptisch und heißt „die Schöne ist gekommen". Ins Ägyptische Museum in Berlin-Charlottenburg ist die Schönheits-Königin des 14. vorchristlichen Jahrhunderts gelangt, weil deutsche Archäologen 1912 bei Ausgrabungen in Tell-el-Amarna eine bemalte Kalksteinbüste von ihr gefunden haben. Aber nicht nur die Gemahlin des Königs Echnaton bezaubert kleine und große Museumsbesucher. Mehr als 1.000 Objekte aus Tell-el-Amarna – der königlichen Residenz von um 1350 bis ca. 1330 v. Chr. – sind in diesem geheimnisvollen Museum zu sehen.

Zahlreiche Wandbilder dokumentieren das Leben der alten Ägypter: ein junges königliches Paar macht einen Gartenspaziergang; im Feldlager sind schon die Pferde vor einen Streitwagen gespannt; Frauen musizieren mit eckigen Rahmentrommeln und begleiten so die von Echnaton ausgerichteten Feste. Krugscherben informieren über die Versorgung der Stadt Amarna mit Wein, Öl, Fett und Honig; Kleinmöbel wie Hocker, Schemel und Kopfstützen zeigen, wie die Menschen gewohnt haben.

Wer noch nicht genug hat vom alten Ägypten: Das Museum hat noch einen zweiten Standort im Bodemuseum auf der Museumsinsel. Die dortige Ausstellung ist der Kultur und Religion des alten Ägyptens gewidmet.

Archenhold-Sternwarte mit himmelskundlichem Museum

Kleine Sternengucker und Himmelsforscher erleben in der Sternwarte eine unvergeßliche, aufregende Reise ins Weltall.

- ⌨ Alt-Treptow 1, 12435 Berlin
- ✆ 030-534 80 80
- ⏲ Mi–So 14–16.30 Uhr zuzüglich Abendveranstaltungen
  Geschlossen am 01.01., Ostermontag, Himmelfahrt, Pfingstmontag, Bußtag, 25.12.
- 🍴 Kinder, Jugendliche: DM 4,-; Erwachsene: DM 6,-
- ☞ Öffentliche Führungen mittwochs um 18 Uhr sowie samstags und sonntags um 15 Uhr. Nach Anmeldung unter
  ✆ 030-813 34 42 täglich Führungen für Schulklassen und andere Gruppen
- 🚎 S-Bahn bis Berlin-Plänterwald; Bus 166, 167, 177 265
- ♿ Behindertengerecht: Rollstuhlrampen und WC

Sternenhimmel mitten am Tag – wie das geht? Ganz einfach: Im Planetarium wirft ein Planetariumsgerät einen naturgetreuen Sternenhimmel an die Decke des verdunkelten Kuppelraumes.

Im dazugehörigen himmelskundlichen Museum lernt man viele interessante Dinge aus der Geschichte der Astronomie und der Astrophysik sowie über Mond- und Planetenforschung. Besonders interessant für Kinder ist das Modell des Systems Erde – Mond, durch das die Bewegung des Mondes um die Erde demonstriert werden kann, z. B. Fin-

Das längste Fernrohr der Welt ragt aus dem Dach der Sternwarte

sternis-Erscheinungen und Lichtgestalten des Mondes. Durch das Modell des Planetensystems können die Bewegungen der Planeten um die Sonne gezeigt werden.

Hauptattraktion für Kinder ist aber der Besuch einer Sternenhimmel-Vorführung. Wir empfehlen deshalb, den Rundgang durch das himmelskundliche Museum unbedingt mit einer Vorführung, bei der der Sternenhimmel über verschiedenen Ländern sowie spannende Raumfahrteffekte kindgerecht und ausführlich erklärt werden, zu verbinden.

Für kleine Sterngucker gibt es noch zwei weitere Adressen in Berlin:
- Das Zeiss-Großplanetarium in der Prenzlauer Allee 80, 10405 Berlin bietet mehrere Vorführprogramme über verschiedene astronomische Themen für unterschiedliche Altersstufen (ab 5 Jahren),
Info unter ✆ 030-42 18 45 12.
- Die Wilhelm-Foerster-Sternwarte e. V. mit Zeiss-Planetarium am Insulaner, Munsterdamm 90, 12169 Berlin;
✆ 030-790 09 30, Infoband
✆ 030-79 00 93 20. Sonntags um 15.30 und 17.00 Uhr ist das Planetarium für Kinder da mit Einführungen in die Astronomie und anderen spannenden Programmen.

• Unter dem Motto **„Astronomie für Schüler"** bietet die Sternwarte viele unterrichtsergänzende Programme für Schulklassen aller Altersgruppen und Schultypen an. Information und Anmeldung unter ✆ 030-534 80 80.

• Für Gruppen stehen ein Experimentier- und ein Video-Raum zur Verfügung.

• In den Wintermonaten kann man jeden Freitagabend den Sternenhimmel beobachten, auch mit dem **Riesenfernrohr** – dem längsten der Welt mit einer Brennweite von 21 m! In den Sommermonaten werden innerhalb der Führungen **Sonnenbeobachtungen** angeboten.

Computer- und Video-
spiele Museum

„Pong" – das war das erste, kommerzielle Videospiel auf dem Markt. Und auch sonst haben kleine Freaks viel Spaß bei der Zeitreise durch die dreißigjährige Geschichte der Computer- und Videospiele.

⌧ Rungestr. 20, 10179 Berlin

☏ 030-279 33 51

🕐 So 12–20 Uhr
  Eine Erweiterung der allgemeinen Öffnungszeiten ist vorgesehen. Zudem können nach Absprache Gruppentermine – z. B. für Schulklassen – zu beliebigen Zeiten vereinbart werden.

🖐 Kinder bis 12 Jahre, Ermäßigungsberechtigte: DM 3,50; Erwachsene: DM 7,-

☞ Führungen nach Vereinbarung unter ☏ 030-279 33 51.

🚌 U8 bis Heinrich-Heine-Straße (2 Min. Fußweg); U2 bis Märkisches Museum (5 Min. Fußweg); S-Bahn Jannowitzbrücke (4 Min. Fußweg)

Abenteuer und Action auf dem Bildschirm – fast wie im echten Leben. Das gibt es erst seit cirka 30 Jahren und ist jetzt schon museumsreif: In Europas erstem Computer- und Videospiele Museum sind insgesamt 31 historische und aktuelle Computer, Videospiele und Videomünzautomaten zu bewundern.

Neben „Pong", dem Tischtennis-Spiel von 1972, dem aktuellen Spiel „Formel 1", Nintendo-Konsolen und Atari-Rechnern gibt es hier seltene 3D-Spiele und solche Raritäten wie den Videospielmünzautomat „Polyplay" zu sehen. Von

Wer nicht genug von Computern bekommen kann, der findet noch mehr davon im Deutschen Technikmuseum.

diesem einzigen in der DDR produzierten Videomünzautomaten, von dem insgesamt nur 1000 Stück hergestellt wurden, gibt es nur noch wenige 'Überlebende'.

Außerdem hat das Museum eine große Sammlung von Zusatzteilen, Originalprogrammen, Handhelds und Joysticks, die teilweise auch in der Ausstellung zu sehen sind.

Kinder und Jugendliche sind begeistert davon, daß alle Spiele und Geräte funktionstüchtig sind und so aufgebaut wurden, daß man sich die Programme auf spielerische Weise erschließen kann. Aber Eltern und Lehrer brauchen keine Angst zu haben: Natürlich ist Spielen hier nur pädagogisch betreut möglich; denn schließlich ist es ein Museum und keine Spielhalle.

Außerdem gibt es neben den Spielen noch 60 Text- und Bildtafeln, die alle Ausstellungstücke und die historische Entwicklung erklären. Also viel – sinnvollen –Spaß!

- Ein Computer- und Videospiele Museum ist natürlich nicht nur über Telefon zu erreichen: **homepage**: http://www.is.in-berlin.de/Spinne/jugmailb/museum/index.htm
- Das vom Förderverein für Jugend- und Sozialarbeit e. V. getragene Museum veranstaltet **Workshops** für Pädagogen, Jugendarbeiter und interessierte Eltern, in denen sinnvolle Formen des Umgangs mit Computer- und Videospielen diskutiert werden. Die Workshops finden jeden vierten Samstag im Monat von 10–19 Uhr statt; Information und Voranmeldung unter
  ☎ 030-279 33 51.
- **Workshops für Kinder** sind ebenfalls geplant, Information unter ☎ 030-279 33 51.

Deutsches Historisches Museum

Eine Zeitreise in Siebenmeilenstiefeln durch die Geschichte des Landes, in dem wir leben: Von der Zeit der Völkerwanderung bis zur Wiedervereinigung der DDR und der BRD.

🖾 Unter den Linden 2, 10117 Berlin

📞 030-21 50 20

🕐 Täglich außer Mi 10–18 Uhr;
geschlossen: 1. Januar, Karfreitag, 1. Mai, 24. u. 25. Dezember

🍪 Kostenlos, bei Wechselausstellungen wird Eintritt erhoben

☞ Führungen durch die ständige Ausstellung für Einzelbesucher samstags und montags um 16 Uhr, sonntags um 14 und 16 Uhr (am letzten Sonntag im Monat ist Familientag mit speziellen Führungsangeboten); Gruppenführungen (auch fremdsprachig) jederzeit möglich nach Vereinbarung, Anmeldung bei Sonja Trautmann unter
📞 030-21 50 23 78, 📠 030-21 50 23 84

🚎 S-Bahn bis Hackescher Markt oder Friedrichstraße; U-Bahn bis Französische Straße, Hausvogteiplatz oder Friedrichstraße, Bus 100, 157 oder 348 bis Staatsoper und Altes Museum

🚗 Vom Alexanderplatz über Karl-Liebknecht-Straße, Unter den Linden

P Gebührenpflichtiger Parkplatz in der Nähe

♿ Eingeschränkt behindertengerecht

Das älteste Gebäude in der Straße Unter den Linden ist das imposante, ehemalige Zeughaus von 1695–1730. Heute ist hier das Deutsche Historische Museum unterge-

Hier findet man wieder, was man in den Nachrichten verfolgt hat

bracht, das seit Dezember 1994 die Dauerausstellung **„Bilder und Zeugnisse der deutschen Geschichte"** im ersten Obergeschoß des Gebäudes zeigt.

Hier kann man die deutsche Geschichte ganz praktisch in 38 interessanten Stationen durchschreiten. Die Ausstellung, die mit einem „Blick ins Mittelalter" beginnt, zeigt u. a. „Die Entdeckung der Welt um 1500", „Der Dreißigjährige Krieg", „Frühe Industrialisierung", „Die NS-Diktatur", „Die Mauer" und endet mit der Wiedervereinigung.

Zwei Museumstips ganz in der Nähe sind die Museumsinsel mit dem beeindruckenden Pergamonmuseum sowie der Museumshafen an der Fischerinsel.

Zur Ergänzung der Ausstellung wird stündlich ab 10.30 Uhr im Erdgeschoß des Hauses eine ca. 45 minütige **Multivision** zur Ausstellung gezeigt.

Ein interessanter Museumsbesuch, der Kindern und Jugendlichen nicht nur zusätzlich zum Geschichtsbuch Spaß machen kann!

- Im Erdgeschoß und im Obergeschoß werden wechselnde **Sonderausstellungen** wie z. B. 1996 die Europaratsausstellung „Kunst und Macht" gezeigt.
- Der jeweils letzte Sonntag im Monat ist der **Familiensonntag** im Deutschen Historischen Museum. An diesem Tag wird für kleine Besucher neben besonderen Führungen u.a. eine Museumsrallye mit Rätseln und Preisen veranstaltet.
- Im **Zeughaus-Kino** (Eingang an der Spreeseite des Museumsgebäudes) werden Samstag- und Sonntagnachmittag **Kinderfilme** für Kinder bis 14 Jahre gezeigt. Informationen über das aktuelle Filmprogramm erhält man unter ✆ 030-21 50 21 27.

Deutsches Technikmuseum Berlin

Hier gibt es alles und viel mehr zu Schienen- und Straßenverkehr, Luft- und Schifffahrt, Produktions-, Haushalts- und Textiltechnik, Druck- und Papiertechnik, Film- und Phototechnik, Daten-, Nachrichten- und Energietechnik. Besonders toll: das SPECTRUM als naturwissenschaftliches Experimentierfeld.

  Trebbiner Str. 9, 10963 Berlin-Kreuzberg

  030-25 48 40

  Di–Fr 9–17.30, Sa und So 10–18 Uhr
    Geschlossen am 24.12., 25.12., 31.12., 1.5.

  Kinder, Jugendliche: DM 2,–; Gruppen ab 10 Personen: DM 1,–; Erwachsene: DM 5,–

  Gruppenführungen (max. 25 Pers.) in Deutsch (DM 50,–/Std.) und Englisch und Französisch (DM 70,–/Std.); Thema nach Absprache: allgemeiner Überblick oder speziell, z. B. Datentechnik, Eisenbahn, Industrielle Revolution; Anmeldung mindestens 14 Tage im voraus bei Herrn Ernst, Di–Fr 10–14 Uhr unter 030-25 48 41 24

  U-Bahn Gleisdreieck oder Möckernbrücke, S-Bahn Anhalter Bahnhof, Bus 129

  Die Trebbiner Straße zweigt vom Tempelhofer Ufer am Landwehrkanal ab

  P Kostenloser Parkplatz vor dem Museum

  Behindertengerecht: Aufzug, Rollstuhlrampen, WC; im Museumspark Leitsystem für Blinde und Sehbehinderte

Vom Oldtimer bis zum ersten Computer der Welt, vom Schwarz-Weiß-Fernsehstudio bis zum Webstuhl, von der Druckpresse bis zum Knochenschiff, von der Spiona-

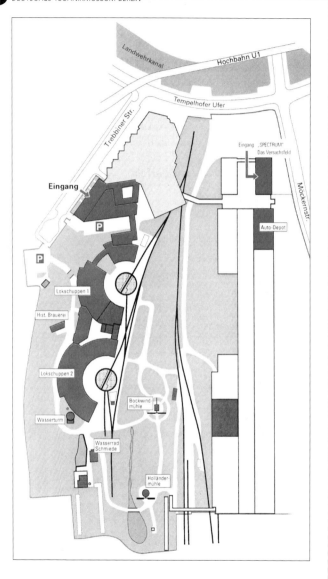

gekamera bis zur Dampfmaschine – nirgendwo macht die Geschichte der Technik so viel Spaß wie im Deutschen Technikmuseum. Außerdem kann man über 40 Lokomotiven und andere Schienenfahrzeuge bestaunen, selbst drucken und Papier schöpfen, Maschinenvorführungen ansehen oder im Museumspark zwischen historischen Bahnanlagen, Windmühlen und Hammerschmiede umherstreifen.

Ausprobieren, Mitmachen, Zugucken und Lernen ist überall erwünscht. Dabei gibt es so viel zu erkunden, daß hier natürlich nicht alles beschrieben werden kann, aber bestimmt Appetit auf einen tollen Tag im Museum gemacht wird.

Im Bereich **Produktionstechnik** gibt es eine historische Werkstatt mit Dampfmaschine und transmissionsgetriebenen Werkzeugmaschinen sowie die einmalige Anlage einer **Kofferproduktion** und eine Abteilung Schmuckherstellung.

Die Vorführung aller Arbeitsgänge, die zur Herstellung von Hartpappenkoffern, Broschen, Medaillen, Ketten u.ä. nötig sind, gehört mit zu den Hauptattraktionen des Museums. Und wer sich noch lange an seinen spannenden Tag im Museum erinnern will, der kann anschließend die sehr schönen und stabilen Koffer sowie alle Schmuckstücke gegen eine Spende gleich mitnehmen.

Im Mittelpunkt der Ausstellung **Rechen- und Automationstechnik** steht der Computer. Man kann z. B. den Nachbau des ersten Computers der Welt bestaunen, den Z1 von Konrad Zuse. Auch hier bieten sich viele Möglichkeiten, die Technik selbst zu begreifen, z. B. bei der Anfertigung von Computergrafiken, der Erzeugung von Computermusik und bei Computerspielen.

Verschiedene Verkehrsmittel im Lichthof

Wer sich lieber Visitenkarten oder Exlibris auf einer Boston-Tiegeldruckpresse drucken oder auf Schreibmaschinen herumtippen möchte, ist in der Abteilung **Drucktechnik** am richtigen Ort. Unter der Aufsicht der freundlichen Vorführer druckt man an Maschinen aus dem 17. und 19. Jahrhundert. Und für DM 8,- kann man sich zehn Visitenkarten selbst gestalten.

Um die Geschichte der **Papiertechnik** im Wortsinn – schöpferisch – nachvollziehen zu können, kann man sein eigenes Papier aus Pferdetrögen Blatt für Blatt zu schöpfen. Nach dem Gautschen (Entwässern des noch nassen Papierbogens durch Pressen) kann jeder seine 'Produktion' mit nach Hause nehmen.

In der **Nachrichtentechnik** geht es um Rundfunk, Fernsehen, Telegrafie und Telefonie. Und im einzigen noch funktionsfähigen Schwarz-Weiß-Fernsehstudio Europas von 1958 kann man sich als Nachrichtensprecher erproben.

Daraus, daß das Museum sich auf dem Gelände des ehemaligen Anhalter Güterbahnhofes befindet, ergibt sich auch gleich einer der Schwerpunkte des Museums: der **Schienenverkehr** mit der historischen Lokschuppenanlage von 1876, in der auf 34 Gleisen rund 40 Schienenfahrzeuge in Originalgröße zu sehen sind.

Von den Lokschuppen aus gelangt man auch in den **Museumspark** mit historischen **Windmühlen**, die die vorindustrielle Energieumsetzung demonstrieren: eine Turmwindmühle von 1911 und die letzte Berliner Bockwindmühle von 1820, in der man unter der Aufsicht der Müller mit Handmühlen, die den 2.000 Jahre alten römischen nachempfunden wurden, selbst Korn schroten kann. Außerdem kann man in einer **Schmiede** mit wasserradgetriebenem Schwanzhammer dem Kunstschmied bei der Arbeit zusehen.

Wie mühsam Kornmahlen ist, erfährt man in der Mühle

Hier kann man sein Papier unter Anleitung selber schöpfen

Die besondere Attraktion für Kinder und Jugendliche ist das **SPECTRUM**! Die interaktive Abteilung des Museums ist etwa drei Gehminuten vom Haupttrakt entfernt in einem der beiden Kopfbauten des ehemaligen Anhalter Güterbahnhofes untergebracht (Möckernstr. 26).

In dieser sehr beliebten Abteilung kann man mit ca. **230 Experimenten** den naturwissenschaftlichen Grundlagen der Technik auf die Spur kommen. Man hat viel zu lachen, wenn man vor einem Zerrspiegel länger oder dicker wird. Man kann lernen, wie eine Batterie funktioniert, warum der Himmel blau ist, mit Hilfe des **Foucaultschen Pendels** die Erdumdrehung erfahren, Experimente zur Radioaktivität machen und vieles mehr.

Und wer jetzt immer noch nicht genug hat, geht in das hinter dem SPECTRUM gelegene **Oldtimerdepot**. Hier kommen Automobilfans dienstags bis freitags von 10–15 Uhr und samstags und sonntags von 10–17 Uhr auf ihre Kosten.

Eine interessante Außenstelle des Deutschen Technikmuseums ist das Zuckermuseum im Wedding.

Das Deutsche Technikmuseum ist eins der beliebtesten Museen in Berlin für Kinder und Jugendliche! Es empfiehlt sich, vorher eine Auswahl dessen zu treffen, was man besonders gern sehen oder ausprobieren möchte. Denn die vielfältigen Ausstellungen und Mitmachangebote lassen sich an einem Tag gar nicht bewältigen. – Oder wer auf nichts verzichten will, kommt gleich für zwei Tage, die garantiert nicht langweilig werden. Aber egal, wie lange man bleibt: auf keinen Fall darf man sich das SPECTRUM entgehen lassen!

Im SPECTRUM kann man Physik am eigenen Körper erfahren

- Damit man die historischen Maschinen und Modelle auch in Aktion bewundern kann oder sogar selbst mal mitmachen kann, stehen in den einzelnen Abteilungen **Vorführer** bereit. Die Vorführzeiten stehen auf einer **Informationstafel im Eingangsbereich**. Außerdem wird jeweils kurz vor Beginn per Lautsprecherdurchsage auf die verschiedenen **Aktivitäten** hingewiesen.

- Betreute Aktivitäten werden auch für **Schulklassen** und andere Gruppen in den Abteilungen Papier- und Drucktechnik, Textilarbeit und Energietechnik angeboten. Für die Teilnahme sind längere Vorausbuchungen erforderlich: Info unter ✆ 030-25 48 41 24; Anmeldung zum **Papierschöpfen** (ca. 2,5 Std. Di–Fr 12.00–14.00 Uhr) unter ✆ 030-25 48 42 20, zum **Drucken** (ca. 1 Std. Di und Do 14–16 Uhr) unter ✆ 030-25 48 42 18, zum **Textilen Werken** (ca. 3 Std. Mi und Do 14–16 Uhr) unter ✆ 030-25 48 42 07, zum **Getreideschroten** (ca. 1 Std. Di–Fr 10–14 Uhr) unter ✆ 030-25 48 41 24.

Domäne Dahlem – Landgut und Museum

Landleben mitten in der Stadt: Viele hundert Jahre lang war die Domäne Dahlem ein märkisches Rittergut, heute kann man hier in dem großen Freilichtmuseum einen Bioland-Bauernhof besuchen, Handwerkern beim Arbeiten zusehen und manches darüber erfahren, wie die Menschen früher gelebt und gearbeitet haben.

⌨ Königin-Luise-Str. 49, 14195 Berlin
  Stiftung Stadtmuseum Berlin
📞 030-832 50 00, 831 59 00, 831 59 59
🕐 Mi–Mo 10–18 Uhr
  Geschlossen am 24., 25., 31.12., 01.05.; am 01.01. ist erst ab mittags geöffnet
💰 Kinder, Jugendliche: DM 1,50; Erwachsene: DM 3,-
  Preisänderungen sind vorgesehen
☞ Führungen für Schulklassen und andere Gruppen nach Vereinbarung, Anmeldung auf der Domäne,
  Kosten: DM 60,-
🚉 U1 bis Dahlem-Dorf; Bus 110, 183, X11
🚗 Über Avus (A 115), Abfahrt Hüttenweg, dann links Clay-allee, rechts Königin-Luise-Straße
P Parkmöglichkeiten auf dem Museumsgelände sowie am Straßenrand in der Umgebung
♿ Zu Großveranstaltungen werden eine Rollstuhltoilette und -rampen aufgebaut

Leben auf dem Bauernhof für Großstadtkinder bietet die Domäne Dahlem: Kühe, Schafe, Ziegen, Schweine, Hühner, Pferde, Esel und sogar Bienen, alle diese Tiere kann man entdecken, außerdem ihre Weiden, die Felder und den

Ein Diorama zur Honigernte

Gemüsegarten, die zu einem richtigen Hof dazugehören. In dem lebendigen Freilichtmuseum mitten in der Stadt findet man ein Herrenhaus von 1680, Stallgebäude, Landarbeiterhäuser, die alte Hofschmiede und die Gutstischlerei. Außerdem kann man verschiedene alte Handwerke kennenlernen, indem man in der Blaudruckerei, in der Töpferei, in der Webstube und in der Imkerei beim Arbeiten zuschaut.

Berliner Kinder, die beim Museumsbesuch gerne an die frische Luft kommen, haben ebenfalls viel Spaß im Waldmuseum mit Waldschule mitten im Grunewald sowie im Museumsdorf Düppel, einem wiederaufgebauten mittelalterlichen Dorf am Stadtrand von Berlin im Landschaftsschutzgebiet am Machnower Krummen Fenn.

Neben verschiedenen Sammlungen zu Hauswirtschaft und Handwerk der vergangenen 300 Jahre gibt es im Erdgeschoß des Herrenhauses einen Ausstellungsraum mit historischem Spielzeug zu bäuerlichen und ländlichen Themen. Da nur Spielzeug ansehen natürlich weniger Spaß als damit spielen macht, ist in die Ausstellung ein **Spielzimmer** für Kinder zum Selberspielen und Malen eingefügt. Im Obergeschoß des Herrenhauses und in der **Domänenimkerei** erfährt man vieles „Rund um die Biene". Die Domänenimkerei ist als Lern- und Aktionsraum für (Schul-)Kinder eingerichtet.

Für kleinere wie größere Kinder empfiehlt sich der Besuch auf dem Museumsboden im Pferdestall. Speziell an Kinder und Jugendliche im Schulalter richtet sich die dortige Ausstellung zu den Themen Mittelalter, Milch, Getreide, landwirtschaftliche Geräte und Maschinen sowie Lebensmittelversorgung Berlins. Größere Geräte – eine Dreschmaschine und zum Teil 70 Jahre alte Traktoren – können unter einer offenen Remise im Hof bestaunt werden.

Alle Kinder haben viel Spaß auf der Domäne Dahlem – man kann schauen, hören, riechen, anfassen und fühlen und so

richtig alles erleben, was es auf einem Bauernhof zu entdecken gibt: Altes und Neues, Spielen und Lernen, alles
gehört hier zusammen.

- Besondere Attraktion der Domäne Dahlem sind die
  Marktfeste, bei denen neben verschiedenen Spielen
  auch Ponyreiten, Kutsch- und Traktorfahrten, Kerzendre-
  hen und Figurengießen aus Wachs beim Domänenimker
  angeboten werden.
- **Traktorfahrten** werden auch außerhalb der Marktfeste
  für Gruppen ab 10 Personen (pro Kopf DM 2,-) angeboten.
- Für kleinere Kinder werden **Märchenerzählungen** in der
  Domäne veranstaltet. Informationen über alle Veranstaltungen sowie Termine erhalten sind unter
  ☎ 030-832 50 00, 831 59 00 und 831 59 59 erhältlich.

Kutschfahrt mit Benny auf dem Domänenhof

Dorfmuseum Marzahn

Das Dorfmuseum präsentiert die Sammlungen des Handwerks- und des Friseurmuseums.

- 🖳 Alt Marzahn 31, 12685 Berlin
- ✆ 030-541 02 31
- 🕐 Di–So 10–18 Uhr
- 🐾 Kinder, Jugendliche, Ermäßigungsberechtigte: DM 1; Erwachsene: DM 2,-
- ☞ Führungen nach Vereinbarung, Anmeldung im Dorfmuseum oder bei Frau Remus unter ✆ 030-23 80 90 36
- 🚐 S-Bahn bis Springpfuhl, dann Straßenbahn 8 bis Alt Marzahn oder Bus 154, 195, 292, 295; S-Bahn bis Marzahn, dann Straßenbahn 6, 7, 17 bis Alt Marzahn
- 🚗 A 25 Abfahrt Marzahn, Alt Landsberger Chaussee, Landsberger Chaussee Ecke Allee der Kosmonauten

Das früher im Nikolaiviertel angesiedelte **Handwerksmuseum** sowie das einst am Prenzlauer Berg beheimatete **Friseurmuseum** sind seit 1995 im Dorfmuseum Marzahn untergebracht. Die in **Wechselausstellungen** präsentierte Sammlung des Handwerksmuseums umfaßt sämtliche Gewerke. Handwerksgeräte und Arbeitsprodukte belegen den technischen Stand und die Kunstfertigkeit der Handwerker. Viele Objekte von Zunftgewerkschaften zeugen von einem stark ausgeprägten Innungsleben. Einen Schwerpunkt bildet die Schloß- und Schlüsselsammlung mit über 700 Einzelstücken sowie Holzbearbeitungsgeräten.

Die sehr ansprechend präsentierte Sammlung des **Friseurmuseums** dokumentiert anhand zahlreicher Exponate die historische Entwicklung der Arbeitswelt der Friseure. Neben dem Waschen, Tönen, Schneiden, Färben und Locken von Haaren gehörten früher auch Zähneziehen,

Das kleine Heimatmuseum Marzahn befindet sich ein paar Häuser weiter; Alt Marzahn 23.

Aderlaß, Schröpfen und sogar Amputationen zu den Aufgaben der **Bader** und **Barbiere**. Außerdem bietet das Museum einen kleinen Einblick in die Werkstatt eines Perückenmachers vom Ende des 17. Jahrhunderts und entführt die Besucher in den Frisiersalon des Berliner Friseurs Husschmidt. Glanzstück der Sammlung ist die von **Henry van de Velde** für den berühmten Berliner Friseur **François Haby** entworfene Einrichtung.

Wer nach dem weiten Weg in den Nordosten Berlins der Stärkung bedarf, der kehrt in den Landgasthof Marzahn schräg gegenüber der Kirche ein; geöffnet täglich von 12–24 Uhr.

So sah ein luxoriöser Frisiersalon Anfang dieses Jahrhunderts aus

Feuerwehrmuseum Berlin

Tatütata und Wasser marsch! Wie die Berliner Feuerwehr von den Anfängen bis heute Feuer bekämpft hat, erfährt man im Feuerwehrmuseum.

- Berliner Str. 16, 13507 Berlin
- 030-43 90 61 80
- Mo, Di, So 9–12 Uhr, Mi 16–19 Uhr
- Kinder von 6 bis 14 Jahren: DM 1,50; Erwachsene: DM 3,-; kostenlos für Berliner Schulen und Kindertagesstätten
- Gruppenführungen bis 15 Personen nach Voranmeldung unter 030-43 90 61 80
- U6 bis Alt-Tegel, S25 bis Tegel, Bus 133 bis Schlieper Straße

Direkt vor Ort – in der **Feuerwache Tegel** – ist das Feuerwehrmuseum untergebracht. Wie die Berliner Feuerwehr von den Anfängen bis heute gearbeitet hat, zeigt eine kleine Ausstellung. Wer sich vorher anmeldet, dem wird die Funktion und Wirkungsweise von Feuermeldern und Feuermeldeempfangsanlagen demonstriert sowie eine Tonbildschau über die historische Entwicklung des Berliner Feuerlöschwesens vorgeführt. Besonders beliebt – nicht nur bei zukünftigen kleinen Feuerwehrmännern – ist ein Raum mit historischen Geräten von der **psychotechnischen Einstellungsprüfung** für Feuerwehrmänner. Hier kann man herausfinden, ob man selbst auch für den damaligen Beruf des Feuerwehrmannes geeignet gewesen wäre. Schade ist, daß die Sammlung von 35 Fahrzeugen nicht zu sehen ist – die feuerroten Flitzer stehen zur Zeit in verschiedenen Remisen der Feuerwehr.

Eine Handdruckspritze aus Urgroßvaters Zeiten

Schweres Löschgruppenfahrzeug LF 25

Gedenkstätte Deutscher Widerstand

Wie die Menschen sich in Deutschland von 1933 bis 1945 gegen die nationalsozialistische Diktatur gewehrt haben, zeigt eine umfang- und lehrreiche Ausstellung.

- Stauffenbergstr. 13-14, 10785 Berlin
- 030-26 54 22 02; http://www.kulturbox.de/GDW
- Mo–Fr 9–18 Uhr, Sa, So und feiertags 9–13 Uhr; geschlossen 1. Januar, 24., 25., 26. und 31. Dezember
- Kostenlos
- Öffentliche Führungen jeden Sonntag um 11 Uhr; Führungen für Gruppen durch ausgewählte Bereiche der Ausstellung täglich nach Anmeldung (2–3 Wochen vorher) unter 030-26 54 22 02
- Bus 129 bis Gedenkstätte Deutscher Widerstand
- P Wenige Parkmöglichkeiten in den umliegenden Straßen
- Eingeschränkt behindertengerecht

Die große Vielfalt des Kampfes und der Gegnerschaft gegen den Nationalsozialismus kann hier in einem chronologisch und thematisch geordneten Rundgang erfahren werden.

Da die ansprechend gestaltete Ausstellung mit 26 Bereichen und über 5.000 Fotos und Dokumenten – auf Schautafeln und Stellwänden sowie zur weiteren Vertiefung in großen Ordnern zum Blättern – sehr umfangreich ist, sollte eine Auswahl getroffen werden: Besonders empfehlenswert für Jugendliche ist neben dem Bereich Jugendopposition die Dokumentation über die Weiße Rose. Diese von den Geschwistern Sophie und Hans Scholl ins Leben gerufene Widerstandsorganisation zeigt beispielhaft, wie Jugendliche durch mutiges und eigenverantwortliches Handeln Menschenleben retten.

Die Gedenkstätte Deutscher Widerstand will mit ihrem umfangreichen Programm die beim Widerstand erkennbaren Motive, die politischen und menschlichen Hintergründe zum Kampf für die Wiedererlangung von Menschlichkeit und Recht vor allem jungen Menschen vermitteln.

- Jeden ersten Sonntag im Monat werden um 10 Uhr **Spiel- oder Dokumentarfilme über den Widerstand** gezeigt.
- Für Gruppen bis 20 Personen (größere Schulklassen können geteilt werden) werden verschiedene, dreistündige **Seminarveranstaltungen** angeboten, die den Ausstellungsbesuch vertiefen; Info unter ✆ 030-26 54 22 02.
- Für **Lehrer** und andere Ausbilder werden verschiedene **Fort- und Weiterbildungsveranstaltungen** angeboten; Themen und Dauer nach Absprache unter ✆ 030-26 54 22 02.

Auf Stellwänden sind zahlreiche Dokumente und Fotos angeordnet

Haus der Wannsee-Konferenz Gedenk- und Bildungsstätte

Geschichtsunterricht am historischen Ort: Nicht nur die Wannsee-Konferenz, sondern der gesamte Prozeß der Ausgrenzung, Verfolgung und Ermordung der Juden Europas steht im Mittelpunkt der Ausstellung.

🏛 Am Großen Wannsee 56–58, 14109 Berlin

📞 030-805001-0; e-mail: 100431.1332 (compuserve.com)

🕐 Mo–Fr 10–18 Uhr, Sa und So 14–18 Uhr
Geschlossen am 01.01., an Ostermontag, Himmelfahrt, Pfingstmontag, 1. Mai und am 25.12.

🦪 Kostenlos

☞ Führungen für Gruppen bis maximal 20 Personen (auch fremdsprachig möglich) nur nach Voranmeldung unter
📞 030-805 00 10
Für **Schüler** wird pädagogisch betreute Kleingruppenarbeit zu dem Thema der ständigen Ausstellung „Verfolgung und Ermordung der Juden Europas" angeboten; Anmeldung unter 📞 030-805 00 10

🚌 S-Bahn bis Wannsee, mit Bus 114 bis zur Gedenkstätte

🚗 Autobahnabfahrt Wannsee

P Kostenloser Parkplatz in der Nähe

♿ Behindertengerecht: Aufzug, Rollstuhlrampen, Betreuung, WC

Durch eine Sitzung am 20. Januar 1942 wurde das Haus am Großen Wannsee 56–58 zum historischen Ort. Auf der sogenannten **Wannsee-Konferenz** wurde unter Vorsitz von SS-Obergruppenführer Reinhard Heydrich über

Von den Bildtafeln blicken die Opfer des Nazi-Terrors

die organisatorische Durchführung der Entscheidung, die Juden Europas in den Osten zu deportieren und zu ermorden, beraten.

Ebenfalls empfehlenswert, nicht nur im Rahmen des Geschichtsunterrichts, ist ein Besuch der Gedenkstätte Deutscher Widerstand sowie der Gedenkstätte „Topographie des Terrors".

Heute ist die Villa Gedenk- und Lernort. In einer **ständigen Ausstellung** wird der gesamte **Prozeß der Ausgrenzung, Verfolgung, Verschleppung und Ermordung der Juden Europas** dokumentiert. Für Schulklassen empfiehlt sich die Auseinandersetzung mit der Thematik im Rahmen betreuter Kleingruppenarbeit in der Ausstellung.

- Im Zentrum der Arbeit der Gedenkstätte steht die **pädagogische Arbeit mit einem differenzierten Bildungsangebot** zu Themen aus der Geschichte des Nationalsozialismus bzw. der jüdischen Geschichte für **Schüler aller Schularten** sowie **Lehrer** und Ausbilder. Für Jugendliche ab 11 Jahren werden **Studientage** angeboten. Ein Team von pädagogisch-wissenschaftlichen Mitarbeitern bietet Schulklassen und anderen Gruppen Beratung und Hilfe bei der Planung und Durchführung von Seminaren an, organisiert Veranstaltungen, bereitet Vorträge und Arbeitsmaterialien vor, moderiert die Gesprächsgruppen und assistiert bei der Arbeit mit Dokumenten. Ein breites Themenangebot steht zur Auswahl. Termine nach Vereinbarung, Information und Anmeldung unter ✆ 030-805 00 10.
- Die **Mediothek** enthält die wissenschaftliche Standardliteratur, Belletristik und Augenzeugenberichte zur NS-Geschichte, Fachliteratur über jüdische Geschichte, Antisemitismus, Rassismus und Neonazismus sowie eine Dokumentensammlung auf Microfilm bzw. -fiche und Videofilme; geöffnet Mo–Fr 10–18 Uhr als Präsenzbibliothek.

Historischer Hafen Berlin

Wer hätte das gedacht! Mitten in Berlin gibt es einen Hafen: Über 30 historische aber fahrtüchtige Binnenschiffe liegen an der Fischerinsel vor Anker.

🖼 Märkisches Ufer, Ecke Inselstraße, 10178 Berlin

📞 030-213 80 41

🕐 1. März – 31. Oktober:
Di–Fr 14–18 Uhr; Sa, So und an Feiertagen 11–18 Uhr

🎫 Kinder, Jugendliche: DM 2,-; Erwachsene: DM 4,-

☞ Führungen nur nach vorheriger Anmeldung unter
📞 030-213 80 41

🚐 U-Bahn bis Märkisches Museum; S-Bahn bis Jannowitzbrücke

♿ Eingeschränkt behindertengerecht

Schiff ahoi! Kleine Landratten können auf insgesamt **32 fahrtüchtigen Binnenschiffen** der märkischen Wasserstraßen den Seemannsgang erlernen. Besonders sehenswert sind der fahrtüchtige Dampfschlepper „Andreas" sowie mehrere Maßkähne mit Segelausstattung.

Wer noch etwas Theorie braucht, wird auf dem 1910 gebauten **Berliner Maßkahn „Renate-Angelika"** in der Ausstellung **„Berlin ist auf dem Kahn gebaut"** anhand von vielen Ausrüstungsteilen, alten Fotos und Dokumenten über 200 Jahre märkische Binnenschiffahrt informiert.

• Malwettbewerbe und Kindertheater werden zum jährlichen **Hafenfest** Ende August veranstaltet; Information unter 📞 030-213 80 41.

So wurden früher Lasten auf der Spree transportiert

Jugend im Museum e. V.

Basteln, Malen, Theaterspielen, Kochen, Schneidern wie die Indianer, Töpfern wie in der Steinzeit und noch viele andere interessante und spannende Kurse im Museum für Kinder und Jugendliche im Alter von 6–18 Jahren.

- Chausseestr. 123, 10115 Berlin
- 030-283 32 49
- Kursgebühr: DM 40,-; für an Kursen teilnehmende Geschwister, Kinder von Vereinsmitgliedern: DM 35,-; Materialkosten: DM 5,- bis DM 12,-
  Für Kinder aus Familien mit geringem Einkommen werden Ermäßigung oder Freiplätze auf (formlosen) Antrag angeboten
- In Integrationskursen arbeiten behinderte Kinder und Jugendliche zusammen mit Nichtbehinderten

Wer einen besonders spannenden Museumsbesuch vertiefen will, der besucht am besten einen mehrwöchigen (6 bis 16 Wochen) Kurs des Vereins Jugend im Museum. Der Verein bietet für Kinder und Jugendliche von 6 bis 18 Jahren neben Museumsbesuchen die verschiedensten Kurse zur Erlernung handwerklicher Techniken – Töpfern, Schneidern, Holzschnitt, Drucken, Fotografieren, Malen und vieles mehr.

Und wen der Hunger plagt, nach soviel Arbeit, der kann ja gleich sein Müsli aus der neuen Steinzeitschale essen oder hat vielleicht auch Lust auf einen exotischen Kochkurs.

- Programme und Termine unter ☎ 030-283 32 49 und 830 14 91 sowie in allen Berliner Museen auf Anfrage erhältlich.

Jugendmuseum Schöneberg

Ein innovatives und spannendes Museum für junge Menschen, die selbst forschen wollen: In 54 Wunderkisten sind die verschiedensten „Schätze" zur Stadt-, Kultur- und Alltagsgeschichte Schönebergs versteckt.

- Hauptstr. 40/42, 10827 Berlin
- 030-78 76 22 34 oder 78 76 21 77
- Dauerausstellung: Mi und Do 15–18 Uhr; So 14–18 Uhr
  Sonderausstellungen: Di–So 13–18 Uhr
- Eintritt kostenlos
- Führungen nach Vereinbarung, Anmeldung unter
  030-78 76 22 34, 78 76 21 77 oder 78 76 21 58
- U7 bis Eisenacher Straße; Bus 104, 148, 187, 348
- Anfahrt per Auto nicht zu empfehlen, da an der Hauptverkehrsstaße kaum Parkplätze vorhanden sind.
- Eingeschränkt behindertengerecht: Bei Bedarf persönliche Betreuung durch Museumsmitarbeiter

Die ersten Museen nannten sich „Wunderkammern". Dort wurden seit dem 16. Jahrhundert die unterschiedlichsten bemerkenswerten und herausragenden Dinge gesammelt. Ein lebhaftes Sammelsurium von Kunst und Kuriosem sollte dazu dienen, die Welt zu begreifen. Das will auch das Jugendmuseum Schöneberg mit seiner im Mai 1997 eröffneten Dauerausstellung **„Wunderkammern – Wunderkisten"**.

In 54 Wunderkisten können kleine Forscherinnen und Forscher hier Kostbares, Wunderbares und Alltägliches zur Stadt-, Kultur- und Alltagsgeschichte Schönebergs entdecken und erforschen. Vieles kann angefaßt werden, manches muß aus konservatorischen Gründen geschützt werden. Und wer in den drei Gelben Museumsräumen noch nicht genug gefunden hat, der kann in den Keller des Hauses hinabsteigen. Dort wartet ein Depot mit weiteren kleinen Wunderkisten darauf, von Kindern erkundet zu werden.

- Für Kinder- und Jugendgruppen werden **Stadtrallyes**, **Geschichtswerkstätten** und **Projekttage** angeboten; Anmeldung unter ✆ 030-78 76 22 34, 78 76 21 77 oder 78 76 24 23. Außerdem gibt es verschiedene **Nachmittagsangebote für jugendliche Einzelbesucher.**
- Das Haus bietet einen **Beratungsservice für Pädagogen** aller Sparten an und veranstaltet Studientage, Seminare und Workshops.

Alte Fotoalben laden zum Blättern ein

Juniormuseum

**Das kindgerechte, kleine Museum – eine museums-
pädagogische Einrichtung des Völkerkundemuseums –
soll Junioren den Umgang mit anderen Völkern und
Kulturen erleichtern und die Fremdheit nehmen.**

- Lansstr. 8, 14195 Berlin
- 030-830 14 34
- Di–Sa 9–17 Uhr
  Geschlossen: 1.1., Osterdienstag, 1.5., Pfingstdienstag, 24.,
  25. und 31.12.
- Kinder, Jugendliche: DM 2,-; Jahreskarte für alle staatli-
  chen Museen: 30,-; Erwachsene: DM 4,-; Eintritt frei am 1.
  Sonntag im Monat
- Führungen nach Anmeldung beim Museumspädagogischen
  Dienst unter ○ 030-830 14 65 oder -66
- U-Bahn bis Dahlem-Dorf; Bus 101, 110, 180
- P Eigener Parkplatz vorhanden
- Behindertengerecht: Aufzug, Rollstuhlrampen, WC

Im **Junior-Museum** im Keller des Dahlemer Museums-
komplexes können Kinder und Jugendliche – besonders
von Berliner Schulen – in wechselnden Sonderausstellungen viel lernen über außereuropäische, anfänglich noch
etwas fremd anmutende Kulturen. Ziel der Museumsarbeit
ist es, eine offenere, tolerante Hal-
tung zum Andersartigen herauszu-
bilden. Einige der Ausstellungsob-
jekte können hier auch angefaßt
werden.

*Auf keinen Fall sollte man einen
spannenden Besuch im Museum
für Völkerkunde verpassen!*

- Vormittags ist das Museum für Schulklassen (nur nach
  Voranmeldung unter ○ 030-830 14 65 oder -66) geöffnet. Vorgespräche mit den Lehrern sind erwünscht.

Kindergalerie

**In der im Bodemuseum untergebrachten Kindergalerie
erfahren Kinder und Jugendliche, wieviel Spaß ein
Museumsbesuch zu wechselnden Themen aus Kunst,
Kultur und Religionen machen kann. Derzeit geschlossen, Wiedereröffung ca. März 1999.**

▢ Bodestr. 1–3 (Eingang Monbijoubrücke); 10178 Berlin

◐ 030-20 90 50

◷ Di–So 9–17 Uhr
  Geschlossen: 1.1., 24., 25. und 31.12. sowie am Dienstag
  nach Ostern und Pfingsten
  Achtung: Die Kindergalerie zeigt ausschließlich Sonderausstellungen und ist dementsprechend bei Ausstellungsauf-
  und -abbau geschlossen

🎫 Kinder, Jugendliche, Ermäßigungsberechtigte: DM 2,–;
  Jahreskarte (für alle Staatlichen Museen): DM 30,–;
  Erwachsene: DM 4,–
  Schulklassen: 1.–10. Klasse kostenlos, ab 11. Klasse 50,– DM
  pro Stunde

☞ Führungen je nach Zielgruppe der Ausstellung für Schulklassen wünschenswert;
  Anmeldung bei den Museumspädagogen im Informationszentrum im Pergamonmuseum unter ◐ 030-20 90 55 55
  oder 20 90 55 66, ✎ 030-20 90 63 61

🚌 S- und U-Bahn bis Friedrichstraße, S-Bahn bis Hackescher
  Markt; Straßenbahn 1, 2, 3, 4, 5, 13, 15, 53, Bus 100, 157,
  348

🚗 Berlin-Mitte, Museumsinsel

P Gebührenpflichtige Parkplätze in der Nähe

♿ Behindertengerecht

Spielzeug aus anderen Ländern können Kinder hier selbst ausprobieren

Die beliebte **Kindergalerie** besteht seit 1974. In zwei Räumen im Bodemuseum werden didaktische Ausstellungen und museumspädagogische Aktivitäten angeboten, die Freude am Museum, am Erobern von Ausstellungen und am spielerischen Lernen wecken sollen.

Ein Tip: Wenn man schon mal im Bodemuseum ist, sollte man auf jeden Fall den Mumien im ebenfalls hier untergebrachten Ägyptischen Museum einen spannenden Besuch abstatten.

Unter Einbeziehung verschiedener Medien, werden die begeisterten jungen Besucher auf erlebnisreiche, sinnliche und informative Weise in verschiedene Themenbereiche der Kunst, Kultur und Religion eingeführt, lernen Sammlungen und originale Kunstwerke kennen. Eine Ausstellung zur Holländischen Seefahrt im 17. Jahrhundert animierte mit dem Titel „Alle Mann an Bord" Kinder und Jugendliche zum Mitmachen. Und in der Ausstellung „Pop-Art – die bunte Welt der Dinge" konnten die Girlies von heute erfahren, wie aktuell die Werke von Andy Warhol u.a. heute noch sind und wieviel sie mit ihrem eigenen Lebensgefühl zu tun haben. In anderen Ausstellungen gewannen Kids Einblick in den Alltag von Kindern in Afrika oder anderswo.

- Zu den Ausstellungen finden **Veranstaltungen für Schulklassen** statt. Dabei werden die Schüler selbst aktiv: Sie haben die Möglichkeit eigene Erfahrungen einzubeziehen, zu diskutieren oder praktisch zu arbeiten. An den Nachmittagen oder während der Schulferien können auch Kindertagesstätten an diesen Veranstaltungen teilnehmen. Info und Anmeldung unter ☏ 030-20 90 55 66.
- Einmal monatlich sonntags um 15 Uhr findet „Sehen – Hören – Mitmachen" statt, eine Veranstaltung in der aktuellen Ausstellung für Kinder und Eltern.
- Zusätzliche Sonderveranstaltungen der **Kindergalerie** sind unter ☏ 030-20 90 55 66 und 830 14 91 zu erfragen.

Kinder & JugendMuseum im Prenzlauer Berg

Ein lebhaftes und spannendes Museum: Hier gibt es viel Interessantes zur Geschichte des Prenzlauer Bergs, zu den neuen Medien sowie zu Kunst und Kultur zu entdecken; und dazu noch eine MuseumsDruckerei und ein MuseoMobil.

- Schivelbeiner Str. 45, 10439 Berlin
- 030-444 73 26
- Wechselnde Öffnungszeiten während der Ausstellungen sowie nach telefonischer Vereinbarung zu den Bürozeiten Di–Fr 10–13 Uhr
- Kostenlos; für Gruppen und Schulklassen wird ein Zuschuß zum Materialgeld in Höhe von DM 2,- verlangt
- Alle Angebote sowie Führungen nach Vereinbarung unter
  - 030-444 73 26
- U-, S- und Straßenbahn bis Schönhauser Allee

Eigeninitiative ist gefragt in diesem lebendigen Museum von, mit und für Kinder(n) und Jugendliche. HandsOn – berühren, ausprobieren und Neues erfinden – aktives Mitmachen ist erwünscht. Wechselnde **Mitmach-Austellungen** werden in Projektarbeit ganz oder teilweise mit Kindern und Jugendlichen erstellt.

Die Themen sind sehr verschieden: Vom Druckereigewerbe im Prenzlauer Berg über die Kunstformen des Übermalens bis hin zur Artistik der Drehorgelmusik – Ausgangspunkte für die Themenwahl sind Alltagskultur, Stadtteilgeschichte

In der MuseumsDruckerei können Kinder selber drucken

und Kunst. Aber auch Umweltschutz und die Interessen der Kinder bestimmen die Themen der Ausstellungen.

Einiges zu experimentieren gab es z. B. bei der Ausstellung **„Experiment Kindermuseum"**: In einem alten Seifenladen wurde verkauft und gekauft, neue Rezepte für ein Kinder-Kochbuch im Internet wurden erstellt, Museumsdetektive lösten knifflige Fragen rund um Museumsstücke und es gabe eine Kunstaktion für Kinder. Außerdem gibt es Mit-mach-Ausstellungen z. B. über **„Spiegelwelten"** und **„Itali-ener im Prenzlauer Berg"**.

- Wie bei allen Ausstellungen des Museums gibt es vormit-tags ein besonderes **museumspädagogisches Angebot für Gruppen und Schulklassen** nach Voranmeldung unter ✆ 030-444 73 26, Di–Fr von 10–13 Uhr.
- In der **MuseumsDruckerei** können mit Bleisatz Plakate, Einladungskarten oder auch ein Stadtplan für Kinder ge-druckt werden. Wer Lust dazu hat, sollte Mittwoch von 14 bis 17 Uhr in der Bornholmer Grundschule in der Ibsen-straße vorbeischauen.
- Das Kinder & JugendMuseum veranstaltet Kinder-flohmärkte auf dem Kollwitzplatz; Information und An-meldung im Museum unter ✆ 030-444 73 26.
- Informationen zu aktuellen Angeboten erhält man unter ✆ 030-444 73 26, Di–Fr von 10–13 Uhr.

Das MuseoMobil

Kinder-Kunst-Museum

Ein Museum für junge Menschen von drei bis 18 Jahren mit einer Sammlung von Kinderkunst aus aller Welt – leider noch ein „Museum im Koffer", auf Wanderschaft mit vielen interaktiven Projekten.

⌨ Geschäftsstelle Kinder-Kunst-Museum e.V.
c/o Mansard Atelier Nina Vladi
Hartmannsweiler Weg 9, 14163 Berlin
✆ 030-801 58 17

Ein Haus für Kinder: Im Kinder-Kunst-Museum sind die Kinder selbst Autoren. Sie planen, gestalten und führen ihre Projekte durch. Sie schreiben und illustrieren ihre Bücher, erproben ihre Talente. Den Kindern soll Mut gemacht werden, etwas eigenes zu erschaffen, worauf sie stolz sein können. Die Erwachsenen übernehmen nur die Aufgabe, den Rahmen zu schaffen für internationale und überregionale Begegnungen junger Menschen mit ihrer Geschichte, Kultur und Kunst.

U. a. gab es bisher Kindermalwettbewerbe, Benefizkonzerte, die interaktive Wanderausstellung „Krieg – Gewalt – Freundschaft – Frieden", in der die Ängste und Träume von Flüchtlingskindern aus aller Welt dargestellt wurden, sowie die interaktive Austellung „Einen Schmetterling habe ich hier nicht gesehen" – Kindermalerei und -gedichte aus dem Konzentrationslager Theresienstadt 1942–1944.

• Bitte informieren Sie sich über das **aktuelle Angebot** unter ✆ 030-801 58 17 bei Nina Vladi.

Museum für Naturkunde

Riesige Saurierskelette, das Gorilla-Männchen Bobby, die einheimische Tierwelt (natürlich alles Präparate, denn wir sind ja nicht im Zoo) und vieles mehr begeistern kleine Naturkundler.

⌂ Invalidenstr. 43, 10115 Berlin

☎ 030-20 93 85 91

⏱ Di–So 9.30–17 Uhr
Geschlossen: 24., 25. und 31.12., 1.1.

🎨 Kinder ab Schulalter, Jugendliche: DM 2,50; Erwachsene: DM 5,–; Familienkarte für 2 Erwachsene und bis zu 3 Kindern: 12,– DM; besondere Ermäßigungen für Gruppen

☞ Führungen werden werktags nach Vereinbarung angeboten. Es gibt besondere Angebote in kindgerechter Form, Anmeldung unter ☎ 030-20 93 85 40 oder 20 93 87 11

🚌 U 6 bis Zinnowitzer Straße; oder S-Bahn bis Lehrter Stadtbahnhof oder Nordbahnhof; oder Bus 157 oder 245 oder 340; oder Straßenbahn 6, 8,13 oder 50

♿ Eingeschränkt behindertengerecht

Wenn man den Kopf in den Nacken legt und 12 Meter hochguckt, erschauert man im ersten Saal des Naturkundemuseums. Der Brachiosaurus brancai hat seinen Kiefer geöffnet und schaut aus luftiger Höhe hinunter. Er ist mit 23 m Länge und 12 m Höhe das **größte aufgestellte Saurier-Originalskelett der Welt** und natürlich schon sehr, sehr lange tot.

Weltberühmt ist auch die Gesteinsplatte mit dem Fossil – so nennt man versteinerte Pflanzen und Tiere – des **Urvo-**

Das größte Saurier-Originalskelett steht in diesem Museum

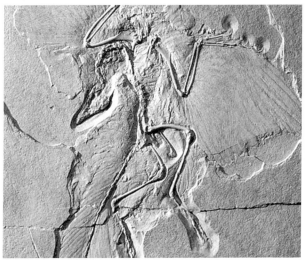

Ein versteinerter Urvogel

gels **Archaeopteryx**, dem ältesten bisher bekannten Vogel.

Besonders beliebt bei kleinen Besuchern ist die Dermoplastik des **Gorilla-Männchens Bobby**. Der dunkle Riese war der erste Gorilla, der sich in Europa vom Affenkind zum ausgewachsenen Tier entwickeln konnte. In einer Vitrine kann man sehen, wie Bobby zum „Museumstier" wurde.

Empfehlenswert für Kinder ist auch ein Besuch der Naturwissenschaftlichen Sammlungen des Stadtmuseums am Charlottenburger Schloß. Zwar ist die Sammlung eher klein, dafür sind die ausschließlich wechselnden Ausstellungen besonders für Kinder konzipiert.

In der Gunst kleiner Tierfreunde ganz vorn stehen aber – nach Erfahrungen der Museumsmitarbeiter – liebevoll gestaltete, eindrucksvolle Dioramen mit der Darstellung **einheimischer Tiere**.

- Jeden Sonntag um 15.00 Uhr findet ein **Vortrag** oder eine Führung zu speziellen Themen aus der Ausstellung oder der Forschungsarbeit des Museums statt.
- Im Museum werden **Familiensonntage** veranstaltet. Es gibt Führungen und einen Blick hinter die Kulissen, z. B.: „Dinosaurier – wie sie lebten und warum sie ausstarben"; „Meteoriten, Mineralien, Edelsteine", „Insekten – die heimlichen Herrscher"; „Elefanten und Mäuse – ein Blick in die Säugetiersammlungen". Außerdem bietet die Cafeteria des Museums Überraschungen für Familien. Informationen über genaue Termine und Angebote sind unter ✆ 030-20 93 85 40 erhältlich.

Ein Diorama mit einheimischer Tierwelt gibt es auch im Waldmuseum im Grunewald zu bestaunen. Außerdem kann man dort bei anschließenden Waldführungen mit etwas Glück auch den noch lebenden Tieren begegnen.

- Weitere **Sonderveranstaltungen für Kinder** können bei telefon. Absprache ebenfalls unter ✆ 030-20 93 85 40 oder unter 030-20 93 87 11 vereinbart werden.

Museum für Post und Kommunikation

Ob man einen Brief schreibt oder nur mal kurz anruft – in diesem Museum lernt man, was alles erfunden und gefunden werden mußte, um die Post auf den Weg zu bringen oder Nachrichten elektronisch weiterzuleiten.

An der Urania 15, 10787 Berlin

030-75 01 68 90 oder 75 01 68 91

Di–So 9–17 Uhr

Kostenlos

Führungen durch die Ausstellung nach Vereinbarung, Anmeldung unter 030-75 01 68 91 bei Frau Irmschler und Herrn Thiemann

U1 und 2 bis Wittenbergplatz; oder U4 bis Nollendorfplatz, Fußweg ca. 5 Min.; oder Bus 109, 119, 129, 146, 185, 219

P   Kostenloser Parkplatz am Museum

Behindertengerecht

Vom Spätmittelalter bis in die Gegenwart geht in diesem Museum die Post ab: Entsprechend der beiden Arten der Nachrichtenübermittlung gibt es eine postgeschichtliche und eine fernmeldegeschichtliche Sammlung.

Besonders gefallen Kindern die historischen Fahrzeuge wie das Modell einer alten Postkutsche, in die man auch einsteigen kann. Und natürlich findet eine funktionstüchtige **Eisenbahnanlage** viel Anklang. Ebenfalls spannend ist es, mit dem funktionstüchtigen Modell einer **Rohrpost** eine Nachricht durch eine durchsichtige Röhre sausen zu lassen oder mal zur Abwechslung ein Morse-gerät auszuprobieren.

- Für Schülerinnen und Schüler der Klassen 3/4 und 5/6 werden **thematische Veranstaltungen nach Lehrplan** angeboten. Für Kita-Kinder sowie Vorschülerinnen und -Schüler gibt es spielerische, thematische Veranstaltungen. Informationen zu den verschiedenen Aktivitäten sind unter ✆ 030-75 01 68 91 erhältlich.
- In den **Sommerferien** veranstaltet das Museum verschiedene Aktionen für Kinder.
- Im **Innovationszentrum der Deutschen Telekom AG** sind ebenfalls Vorführungen möglich; Informationen und Anmeldung unter ✆ 030-328 20 21 bei Herrn Frömel.

Ein elektromagnetischer Zeigertelegraf von 1847

Museum für Völkerkunde

In diesem riesengroßen und spannenden Museum sind die verschiedensten Völker dieser Welt – aus Afrika, Alt Amerika, Süd- und Ostasien und der Südsee – unter einem Dach vereint.

Lansstr. 8, 14195 Berlin

030-830 11

Di–Fr 9–17 Uhr, Sa und So 10–17 Uhr
Geschlossen: 1.1., Osterdienstag, 1.5., Pfingstdienstag, 24., 25. und 31.12.

Kinder, Jugendliche: DM 2,-; Jahreskarte für alle staatlichen Museen: DM 30,-; Erwachsene: DM 4,-; Eintritt frei am 1. Sonntag im Monat

Führungen nach Anmeldung beim Museumspädagogischen Dienst Mo–Fr 8–12 Uhr unter 030-830 14 66 und -5; Tonbandführungen auf Deutsch, Englisch und Französisch erhält man am Informationsstand im Foyer Lansstraße

U-Bahn bis Dahlem-Dorf; Bus 101, 110, 180

P Eigener Parkplatz vorhanden

Behindertengerecht: Aufzug, Rollstuhlrampen, WC

Man muß nicht extra ein Loch in den Erdball bohren, wenn man wissen will, wie es am anderen Ende der Welt aussieht. Ein Besuch im Museum für Völkerkunde tut's auch und ist nicht ganz so anstrengend. Im Gegenteil: Kindern macht es viel Spaß, in diesem spannenden und interessanten Museum die verschiedenen Kulturen aus allen Teilen der Welt – aus der Südsee, Süd- und Ostasien, Afrika und Alt-Amerika – zu entdecken.

So lenkte man seinen Esel in Benin, Afrika im 17. Jahrhundert

Schiff ahoi in der Südsee: Von der **Bootshalle** mit den unterschiedlichsten Wasserfahrzeugen der Südsee sind nicht nur kleine Seeleute begeistert. Ein rekonstruiertes Doppelrumpfboot der Tonga-Inseln kann sogar bestiegen werden. Und wer sich lieber erst beraten möchte, ehe er in See sticht, der geht in das **Männer-Klubhaus von den Palau-Inseln.**

In der Alt-Amerika-Abteilung wird man nicht nur durch den **Goldraum,** eine Art Schatzkammer mit Objekten aus Costa Rica, Kolumbien und Peru, geblendet.

Gruselig wird es in **Südasien** mit Masken-, Puppen- und Schattenspiel in Indien, Sri Lanka, Birma, Thailand und Indonesien.

Junioren aufgepaßt: Im Keller des Gebäudes gibt es noch ein Extra-Juniormuseum!

• Wer noch nicht genug gesehen hat, schaut sich einen Film an: Di–Do, Sa und So im Wechsel 11.30–12.30 Uhr und 12.30–12.50 Uhr im großen Vortragssaal Eingang Lansstraße. Die Filme beschäftigen sich mit ausgewählten Themen – z. B. Mexiko.

Museum für Volkskunde

Wer wissen will, wie die Menschen vom 16. Jahrhundert bis in unsere Zeit gelebt haben, der ist hier richtig – inmitten von Möbeln, Trachten, Hausrat, Arbeitsgeräten und historischem Spielzeug.

⌨ Im Winkel 6–8, 14195 Berlin

✆ 030-839 01 01

⏱ Di–Fr 9–17 Uhr, Sa und So 10–17 Uhr
Geschlossen am 01.01., 01.05., 24., 25., 31.12.

🎫 Kinder, Jugendliche: DM 2,–; Erwachsene: DM 4,–
Während des Umbaus Eintritt frei

☞ Für Schulklassen werden spezielle Führungen angeboten,
Anmeldung beim museumspädagogischen Dienst unter
✆   030-830 14 64 und 830 14 65

🚌 U2 oder Bus X11 bis Dahlem-Dorf; oder Bus 183 bis Domäne Dahlem; weiter jeweils etwa 5 Minuten zu Fuß

P Kostenloser Parkplatz am Museum

♿ Behindertengerecht

Das Leben der mittleren und unteren Sozialschichten, der sogenannten „kleinen Leute", der Arbeiter, Bauern und Handwerker, heute und in den vergangenen 400 Jahren – damit beschäftigt sich die Volkskunde hauptsächlich. Das dazugehörige Museum baut bis Herbst 1998 seine Ausstellungen, in denen sich alles rund um das Thema Bild drehen wird, um. U. a. sind dann Bilder- und Bastelbogen, Bilderbücher, Guckkasten-, Bänkelsänger- und Panoramabilder sowie deren Herstellung und Nutzung zu sehen.

• Im Museum werden **Oster- und Weihnachtsbasteln** für Kinder angeboten und **Märchenvorlesungen** für Kinder veranstaltet; Info unter ✆ 030-839 01 01.

Museum Haus am Checkpoint Charlie

Alles über die Mauer, die Berlin von 1961–1989 in zwei Hälften trennte, erfährt man anhand von Schautafeln, Fotos, Videos und spannenden Objekten.

- Friedrichstr. 43–44, 10969 Berlin
- 030-251 10 31
- Täglich 9–22 Uhr
- Kostenlos für Kinder bis 10 Jahre; Kinder ab 11 Jahren, Jugendliche: DM 4,50; Gruppen: DM 4,-; Erwachsene: DM 7,50
- U6 bis Kochstraße/Checkpoint Charlie; oder U-Bahn bis Stadtmitte; oder Bus 129
- P Parkmöglichkeiten in den umliegenden Straßen und vor dem Haus für Busse

D ie Fluchtautos, in denen Menschen in die Karosserie „eingebaut" und über die Grenze geschmuggelt wurden, erzeugen ungläubiges Staunen. Andere Menschen sind mit einem Fesselballon oder kleinen Bötchen über's offene Meer gekommen. Neben diesen „Sensationen" gibt es noch zahlreiche interessante Informationen und Geschichten auf der und um die Mauer, zur Geschichte Berlins sowie zu Menschenrechtsverletzungen.

> *Wer die Mauer auch „in echt" sehen will: Der letzte in der Stadtmitte Berlins verbliebene Abschnitt der Mauer steht an der Niederkirchner Straße.*

- Im Haus werden zahlreiche **Videos** vorgeführt: Täglich von 9–22 Uhr werden verschiedene kürzere Dokumentarfilme und um 17.30 ein Spielfilm über Ballonflucht gezeigt, Mo–Fr um 19.30 läuft der Dokumentarfilm „Mein Kampf" von Erwin Leiser über Hitler, Sa und So um 19.30 Uhr „Der Mann auf der Mauer" mit Marius Müller-Westernhagen.

- Es werden verschiedene Vorträge angeboten: besonders interessant für Kinder und Jugendliche ab 10 Jahren ist „Wissen aus erster Hand". Diese Vorträge sind im Gruppenpreis enthalten, jedoch ist Voranmeldung erforderlich unter ✆ 030-251 10 31.

Die Fassade des Hauses am Checkpoint Charlie

Museumsdorf Düppel

**Leben wie im Mittelalter: In diesem spannenden Frei-
lichtmuseum, einem wiederaufgebauten Dorf aus dem
12./13. Jahrhundert, werden bäuerliche und hand-
werkliche Techniken unserer Vorfahren gezeigt.**

- Clauertstr. 11, 14163 Berlin
  Stiftung Stadtmuseum Berlin
- 030-802 66 71 und 030-802 33 10
- April bis Oktober: Do 15–19 Uhr (Einlaß bis 18 Uhr), So
  und feiertags 10–17 Uhr (Einlaß bis 16 Uhr)
- Kinder, Jugendliche: DM 1,50; Erwachsene: DM 3,-
  Achtung: Preisänderungen sind vorgesehen
- Führungen nach Vereinbarung, Anmeldung im Museums-
  dorf
- Bus 115, 211, 629
- Stadtautobahn Abfahrt Steglitz, B 1 bis Lindenthaler Allee
  rechts
- P Kostenloser Parkplatz am Museumsdorf
- Eingeschränkt behindertengerecht

Zufälle gibt's! Ein paar alte Tonscherben, die um 1940
auf einem Acker nahe des Machnower Krummen Fenns
im Bezirk Zehlendorf gefunden wurden, waren tatsächlich
Siedlungsspuren eines bis dahin völlig unbekannten
deutsch/wendischen Dorfes aus der Zeit von 1170–1220.

Während der Ausgrabungen 1967 entstand die Idee, hier
in einem **Freilichtmuseum** das **Leben im Mittelalter** vor-
zuführen. Ein Teil des Dorfes wurde exakt auf den ausge-
grabenen alten Grundrissen wieder aufgebaut. Heute besteht das Freilichtmuseum aus einer mittelalterlichen
Siedlung mit zwölf Häusern und zwei Speichern, die von

Wiesen, Feldern und Wald umgeben sind. Die Häuser sind mit Reet oder Roggenstroh gedeckt. Innendrin kann man eine offene Feuerstelle, einige Gebrauchsgegenstände aus Holz und Ton sowie Bänke entlang der Wände, die zugleich als Betten dienen, entdecken.

Die Felder und Gärten werden mit alten Kulturpflanzen bestellt. In der Tierhaltung sind alte Schafrassen und rückgezüchtete Schweine zu sehen. Vorwiegend an Sonn- und Feiertagen wird das Dorf zum Leben erweckt, wenn verschiedene **mittelalterliche Handwerkstechniken** wie Schmieden, Töpfern, Woll- und Holzverarbeitung gezeigt werden. Für diesen für Kinder besonders empfehlenswerten, lebendigen Besuch sollte man zwei bis drei Stunden einplanen.

Ebenfalls empfehlenswert für naturhungrige Kinder ist ein Besuch der Domäne Dahlem, einem als Museum eingerichteten Landgut mit Tierhaltung, Ackerbau und ländlichem Handwerk sowie ein Besuch im Waldmuseum mit Waldschule mitten im Grunewald.

- Jedes Jahr im Juni wird ein **Museumsfest für Kinder** veranstaltet. Den genauen Termin erfährt man unter
  ☎ 030-802 66 71 und 030-802 33 10.
- Für Kinder werden **Ochsenkarrenfahrten** angeboten.

Hier erwacht mittelalterlicher Alltag zum Leben

Musikinstrumenten-Museum des Staatlichen Instituts für Musikforschung PK

Hier spielt die Musik – ein beschwingtes Museum voller alter und neuer Musikinstrumente: Ein paar davon sind zum Anfassen, viele können angehört werden.

- 🏛 Tiergartenstraße 1, 10785 Berlin
- 📞 030-25 48 10 oder 25 48 11 78
- 🕐 Di–Fr 9–17 Uhr, Sa und So 10–17 Uhr
  Geschlossen am 1.1., Ostermontag, 1.5., Pfingstmontag, 24., 25., 31.12.
- 🎨 Kostenlos für Kinder bis 6 Jahre sowie für alle Besucher am 1. Sonntag im Monat; Kinder ab 7 Jahren, Jugendliche: DM 2,-; Erwachsene: DM 4,-
- ☞ Öffentliche Führung samstags um 11 Uhr; Kosten: DM 3,-; Kinder bis 12 Jahre frei;
  Gruppenführungen bis zu 30 Personen nach Vereinbarung, Anmeldung unter 📞 030-25 48 11 39; Kosten für Schülergruppen: DM 15,-
- 🚌 U- und S-Bahn bis Potsdamer Platz; Bus 129 bis Potsdamer Brücke/Neue Nationalgalerie; Bus 148 bis Philharmonie
- 🚗 Am Kulturforum/Potsdamer Platz
- P Kostenloser Parkplatz beim Museum
- ♿ Behindertengerecht: Aufzug, Rollstuhlrampen, Betreuung, WC, auch behindertengerechte Führungen

Augen und Ohren auf: Ungefähr 750 europäische Instrumente, die in den letzten 500 Jahren geblasen, gezupft, gestrichen oder angeschlagen worden sind,

In diesem Nähkästchen fand ein kleines Klavier Platz

sind in diesem modernen, weiträumigen Museum zu sehen. Und damit man auch weiß, wie die Cembali, Flügel, Klaviere, Clavichorde, die verschiedenen Blasinstrumente, Orgeln und Lauten, Gamben, Streichinstrumente wie die berühmte Stradivari u. a., Drehleiern, Harmonien, Pandurinen und Pochetten klingen, stehen fast überall Klangsäulen.

Nicht nur im Museum spielt die Musik. Direkt nebenan befindet sich die Berliner Philharmonie: Ein Konzertbesuch ist ein unvergeßliches Erlebnis.

Außerdem ist für Kinder und Jugendliche ein extra **Studio** eingerichtet worden, in dem verschiedene Instrumente angespielt werden können.

Wer schon immer wissen wollte, wie Instrumente hergestellt werden, der sollte sich die Instrumentenbauer-Werkstatt mit verschiedenen Experimenten im Obergeschoß ansehen.

- Die berühmte **Wurlitzer Orgel** – eine eindrucksvolle alte Kinoorgel, die auch Kirchenglocken, Vogelgezwitscher und Schlittenschellen spielen kann – wird samstags um 12 Uhr vorgeführt.
- Im Café im Untergeschoß des Museums stehen zwei Orchestrien vom Anfang des Jahrhunderts sowie ein alter Spielautomat. Und wenn man Geld einwirft, wird's laut und lustig.

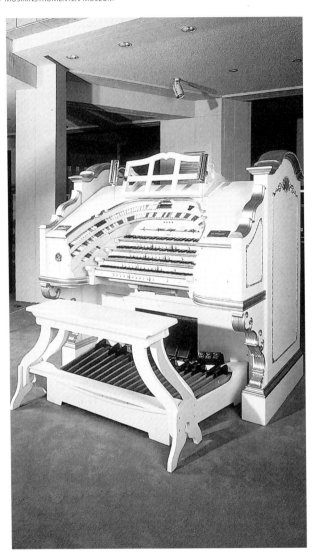

Diese alte Wurlitzer-Orgel begleitete früher Filme im Kino

Naturwissenschaftliche Sammlungen

Biologie, Untergrund und Morphologie von Berlin werden hier spannend und anschaulich in kinder- und jugendgerechten Wechselausstellungen erklärt.

- 🏛 Schloßstr. 69a, 14059 Berlin; Stiftung Stadtmuseum Berlin
- 📞 030-342 50 30 oder 342 60 30
- 🕐 geöffnet zu Sonderausstellungen Di–So 10–18 Uhr
- 🪲 Eintritt kostenlos
- ☞ Führungen nach Vereinbarung für DM 10,- pro Gruppe, Anmeldung unter 📞 030-342 50 30 oder 342 60 30
- 🚌 U-Bahn bis Sophie-Charlotte Platz oder Richard Wagner Platz; S-Bahn bis Charlottenburg und weiter mit Bus 109; oder S-Bahn bis Zoo und weiter mit Bus 145
- 🚗 Stadtautobahn Abfahrt Spandauer Damm
- P Kostenloser Parkplatz am Schloß Charlottenburg
- ♿ Eingeschränkt behindertengerecht

Bisher konnten begeisterte Kinder und Jugendliche u. a. Ausstellungen zur **Eiszeit in Berlin** und zur **Bienenkunde** sowie eine **Bärenausstellung**, bei der man alles anfassen und auch selbst mikroskopieren, malen und rätseln konnte, besuchen. Da die Räumlichkeiten sehr klein sind, kann ein Highlight der Sammlung, die besonders für Schulklassen geeignet ist, nur gezeigt werden, wenn gerade keine Ausstellungen stattfinden: Die „Gläserne Zelle" ist ein 100.000 fach vergrößertes Modell einer menschlichen Körperzelle, das ihren komplizierten Aufbau in verschiedenen Schwierigkeitsgraden erklärt.

- Für Kinder und Jugendliche gibt es **Ferienkurse**.

Ein naschhafter Bär

Pergamonmuseum

Ein faszinierender Besuch bei den alten Göttern: Architektonische Weltwunder wie der Pergamonaltar, das Markttor von Milet, das Ischtar-Tor und die Prozessionsstraße von Babylon begeistern junge Besucher auf ihrer Zeitreise in die Vergangenheit.

🖾 Bodestr. 1–3 (Eingang Kupfergraben), 10178 Berlin

📞 030-20 90 50

🕐 Di–So 9–17 Uhr
Geschlossen: 1.1., 24., 25. und 31.12. sowie am Dienstag nach Ostern und Pfingsten

🦐 Kinder, Jugendliche: DM 4,- (Diese Karte gilt gleichzeitig als Tageskarte für alle Staatlichen Museen); Jahreskarte (für alle Museen): DM 30,-; Erwachsene: DM 8,-

☞ Besondere Führungen für Kinder und Jugendliche nach Voranmeldung bei den Museumspädagogen im Informationszentrum im Pergamonmuseum unter 📞 030-20 90 55 55 oder 20 90 55 66, ✎ 030-20 90 63 61; Gruppen bis 30 Personen: DM 70,-; fremdsprachig: DM 80,-

🚐 S- und U-Bahn bis Friedrichstraße, S-Bahn bis Hackescher Markt; Straßenbahn 1, 2, 3, 4, 5, 13, 15, 53, Bus 100, 147, 257, 348

🚗 Berlin-Mitte, Museumsinsel

P Gebührenpflichtige Parkplätze in der Nähe

♿ Das Museum verfügt über einen Behinderten-Eingang, -WC und Fahrstuhl. Das Aufsichtspersonal ist gerne behilflich.

Im Pergamonmuseum gibt es drei Museen unter einem Dach zu sehen: Die Antikensammlung, das Vorderasiatische Museum und das Museum für Islamische Kunst. Die beeindruckende **Antikensammlung** ist eine der größten der Welt. Gleich im ersten Raum ist der gigantische **Pergamonaltar** wiederaufgebaut. Das über 2.000 Jahre alte Bauwerk war als ein Weihgeschenk vor allem an Athene, die Schutzgöttin der kleinasiatischen Stadt Pergamon, errichtet worden.

An den Wänden des 120 m langen Altars sind Figurenfriese angebracht, die Geschichten aus der Antike, wie z. B. den Kampf der Götter gegen die Giganten, erzählen.

Und es gibt noch mehr Schätze zu entdecken in dem riesigen Museumsbau: das gewaltige römische Markttor von Milet ist neben einer großen Skulpturensammlung ein weiterer Glanzpunkt der Antikensammlung.

Diese geht gleich über in das nächste Museum im Museum: Das **Vorderasiatische Museum**. Hier fühlt man sich sofort in die Vergangenheit versetzt, wenn man die **Prozessionsstraße von Babylon** durchschreitet und am Ende auf das eindrucksvolle **Ischtar-Tor** trifft. Außerdem gibt es noch prachtvolle Tempelfassaden und Palastreliefs zu sehen.

Und wer sich wie eine Prinzessin aus 1001 Nacht fühlen will, betritt den **Mschatta-Saal** im Museum für Islamische Kunst, wo man einen beeindruckenden Teil der mit Reliefs geschmückten Fassade eines über 1000 Jahre alten Wüstenschlosses bewundern kann.

- Die Antikensammlung stellt **Schülerarbeitsmaterialien** zur griechischen Baukunst und zur römischen Architektur zur Verfügung.

Die Figuren des Reliefs des Pergamonaltars erzählen Geschichten

Puppentheater-Museum Berlin

Hier können Kinder was erleben: Heißgeliebte und auch gefürchtete Märchenfiguren – die schöne Prinzessin, die böse Hexe und der Drache – werden als Marionetten und Handpuppen lebendig.

🖃 Karl-Marx-Str. 135 (im Hinterhaus), 12043 Berlin

✆ 030-687 81 32

🕐 Mo–Fr 9–17 Uhr, Sa und So 11–17 Uhr

🍪 Kinder, Jugendliche: DM 4,–; Kindergruppen: DM 3,–; Erwachsene: DM 5,–

☞ Tägliche Führungen für Gruppen ab 8 Personen sind im Preis enthalten; Anmeldung unter ✆ 030-687 81 32 erforderlich

🚌 U7 bis Karl-Marx-Straße, Bus 104 bis Kienitzerstraße/Platz der Stadt Hof

„Iiih! Da ist die böse Hexe!" Kreischend weichen die Kinder zurück, wo sie gerade noch das Haar der schönen Prinzessin gestreichelt haben; atemlos und gebannt reisen sie im Rahmen einer Führung durch die **Märchenkultur Europas, Afrikas und Asiens.**

Ein Besuch der ansprechend und liebevoll gestalteten Wechselausstellungen ist unbedingt empfehlenswert. Noch mehr Spaß macht er aber besonders kleinen Kindern im Rahmen einer Führung, denn die gleicht in diesem erlebnisreichen, kleinen Museum vielmehr einem spannenden, lehrreichen Theaterstück zum Mitspielen als einem trockenen Vortrag!

Diese Marionette heißt Genoveva und ist ca. 100 Jahre alt

Geschickt erwecken die Pädagogen und Pädagoginnen des Puppentheater-Museums dabei die zahlreichen Handpuppen, Stabfiguren, Marionetten, Schattentheaterfiguren, Metamorphosen und Flachfiguren zum Leben und lassen die begeisterten Kinder auch mal selbst eine Puppe in die Hand nehmen.

• Ergänzend zur Ausstellung – und auch sonst – bereitet Kindern ab 3 Jahren der Besuch von **Puppentheateraufführungen**, **Märchenerzählungen**, **Lesungen** und **Workshops** im Museum viel Spaß. Informationen und Anmeldung unter ✆ 030-687 81 32.

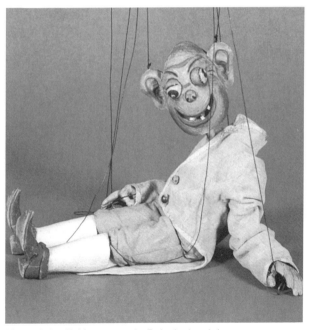

Dieser witzige Kerl kommt aus der Tschechoslowakei

Erschrecken gilt nicht! Mann und Seeungeheuer aus Sizilien

Schulmuseum Berlin

In diesem Museum lernt man, daß Schule auch Spaß machen kann.

⌨ Wallstr. 32, 10179 Berlin
  Stiftung Stadtmuseum Berlin
✆ 030-275 03 83
🕐 Di–Fr 9–17 Uhr
🐞 Kinder, Jugendliche: DM 1,50; Erwachsene: DM 3,-; Familienkarte: DM 5,-; mittwochs Eintritt frei
☞ Führungen nach Vereinbarung, Anmeldung im Schulmuseum
🚌 U-Bahn bis Märkisches Museum oder Heinrich-Heine-Straße

Viel Interessantes über Bildungs- und Schulgeschichte vom 16. Jahrhundert bis in die 50er Jahre diese Jahrhunderts kann man im Schulmuseum anschaulich lernen. Man sieht u. a. verschiedene Unterrichtsmittel, Schülerarbeiten und Schulmaterialien. Zu den Themen Kriegsende, Schule, Überleben, Flucht und Vertreibung verleiht das Museum **Geschichtshäuser zum Blättern,** die im Rahmen einer Sonderausstellung entstanden sind. Die Geschichtshäuser sind überdimensionale Bücher, aufzustellen als Stadt, mit Fotos und Dokumenten zur Alltagsgeschichte Brandenburgs bis 1945, auf dem Hintergrund der europäischen Geschichte. Sie werden ergänzt durch Archive mit weiterem Material und eine Liste mit ausgewählten Jugendbüchern.

• Im Museum werden **Lehrereinführungen** angeboten.
• Für Schüler gibt es unter fachlicher Anleitung **Schreibübungen** in historischen Schrifttypen mit enstprechenden Materialien.

Viel erfährt man beim Blättern in den „Geschichtshäusern"

Studio MPD

Kunstunterricht außer Haus: Hier können Schulklassen – am besten in Verbindung mit einem Besuch in einem der Staatlichen Kunstmuseen – selbst aktiv werden.

⌨ Matthäikirchplatz, 10785 Berlin

✆ 030-266 20 98

🚌 U- und S-Bahn bis Potsdamer Platz; Bus 142, 348

Die Abteilung Museumspädagogik verfügt im Neubau der Staatlichen Museen zu Berlin am Matthäikirchplatz über zwei Werkstatträume. Sie sind so ausgestattet, daß Schülerinnen und Schüler Erfahrungen mit unterschiedlichen Materialien und Techniken erwerben können. Für den **Kunstunterricht**, für Projekttage und Veranstaltungen im Rahmen der Leistungskurse sind optimale Bedingungen gegeben.

Es ist sinnvoll, die Nutzung der Werkstatträume mit dem Besuch der Neuen Nationalgalerie, des Kupferstichkabinetts, des Kunstgewerbemuseums oder der Kunstbibliothek zu verbinden. Die Abteilung Museumspädagogik bietet ausgewählte didaktisch-methodische Programme an, um Lehrerinnen und Lehrern den Zugang zu den Beständen des Museums zu erleichtern. Der anschließende Besuch des Studios MPD ermöglicht den Schülern, ihre theoretischen Kenntnisse durch praktische Übungen zu überprüfen und selbstständig kreative Lösungen zu finden.

• Die Programme sind zweimal jährlich in einem Schulbrief über die Fachbereichsleiter Kunst allen Kolleginnen und Kollegen an den Schulen zugänglich. Eine vorherige Anmeldung unter ✆ 030-830 14 65, 830 14 66 oder ✎ 030-83 01 81 62 ist erforderlich.

Teddy Museum Berlin

„Kein Leben ohne Teddys" – Wer so denkt, der ist goldrichtig bei Florentine C. Bredow und ihren rund 5.000 Bären in mehreren Räumen hoch über den Dächern von Berlin.

⌨ Kurfürstendamm 147 (7. OG), 10709 Berlin

◔ 030-893 39 65

◕ Mi, Do, Fr 15–18 Uhr

🎨 Eine Spende von DM 4,- wird erbeten

☞ Führungen werden nach Vereinbarung durchgeführt, Anmeldung unter ◔ 030-893 39 65

🚌 U-Bahn bis Adenauerplatz

Wer liebt sie nicht, die knuddeligen, plüschigen Teddys, die einen oftmals als Spielkameraden weit über die Kinderzeit hinaus begleiten. Für Florentine C. Bredow ist ein Leben ohne Teddys sogar unvorstellbar: In mehreren Räumen hoch über den Dächern von Berlin hat sie ihren rund 5.000 Bären und anderen Kuscheltieren ein liebevoll dekoriertes Heim geschaffen. Und weil ihr Berliner Teddy Museum das erste seiner Art ist, ist sie mit ihrer Sammelleidenschaft seit 1986 auch im Guinessbuch der Rekorde vertreten.

Kleine Besucher sind besonders hingerissen von den Teddys mit Musikwerk, Teddys als bewegliche Automaten sowie den Setzkästen, in denen sie ihre Ü-Eier-Figuren wiederfinden. Käpt'n Blaubär, Winnie-the-Pooh u. a. sind mit von der Partie.

• Wer es sich so richtig gemütlich machen will, der kann das am **Stammtisch** mit Gästebuch und Fotoalben, sowie einem Maltisch extra für Kinder.

Der kleine Henry-Maske-Bär im Teddy Museum Berlin

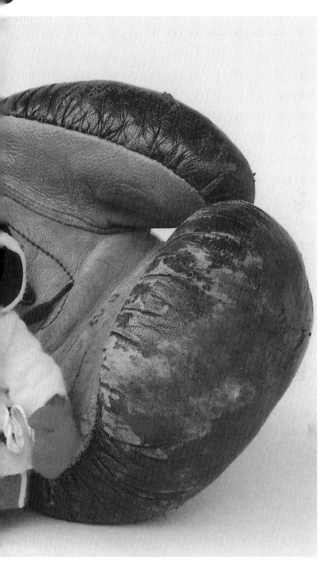

Topographie des Terrors

**Die Ausstellung auf dem Prinz-Albrecht-Gelände infor-
miert über die von 1933–45 hier ansässigen Überwa-
chungs- und Verfolgungsapparate des NS-Regimes.**

Stresemannstraße 110, 10963 Berlin (Zugang auch von der
Wilhelmstraße)

030-25 48 67 03

Täglich 10–18 Uhr

Kostenlos

Kostenlose Gruppenführungen nur nach Anmeldung unter
030-25 48 67 03

S1, S2 oder Bus 129 bis Anhalter Bahnhof; S-Bahn oder U2
bis Potsdamer Platz; U6 bis Kochstraße; oder Bus 129, 248,
341

Potsdamer Platz, Stresemannstraße

P   Gebührenpflichtiger Parkplatz am Gropius-Bau

Geschichtsunterricht für Jugendliche am historischen Ort:
Auf dem **Prinz-Albrecht-Gelände** befanden sich von
1933-45 die Zentralen der wichtigsten **Überwachungs- und
Verfolgungsapparate des NS-Regimes**: die Gestapo, die SS-
Führung, der Sicherheitsdienst der SS und das Reichssicher-
heitshauptamt. Seit 1987 wird hier den Besuchern in einem
Ausstellungs-, Dokumentations- und Begegnungszentrum
–der „Topographie des Terrors" – die historische Erfahrung des
Nationalsozialismus vermittelt. Es wird anhand zahreicher
Schautafeln und Fotos zu einer Auseinandersetzung mit der
Geschichte des nationalsozialistischen Unrechtsstaates und
deren Auswirkungen auf die Geschichte nach 1945 angeregt.
Für Gruppen empfiehlt sich die Besichtigung des Geländes im
Rahmen einer interessanten Führung.

Waldmuseum

Natur pur gibt's mitten im Grunewald: Alles über unseren Wald lernen Kinder mit viel Spaß und Spiel im Waldmuseum mit Waldschule.

📇 Jagdschloß Grunewald, 14193 Berlin

🕾 030-813 34 42

🕐 Di–Fr 10–14 Uhr, Sa und So 11–16 Uhr

🍬 Kinder, Jugendliche: DM 1,–; Erwachsene: DM 2,–

☞ Führungen zum Thema „Lebensgemeinschaft Wald" täglich nach Anmeldung unter 🕾 030-813 34 42 bei Gudrun Rademacher (nach telefonischer Vereinbarung auch am Nachmittag möglich)

🚌 Bus 115 bis Pücklerstraße ca. 15 Min. zu Fuß über einen Waldweg; oder Bus 183 bis Clayallee/Ecke Königin Luise Straße 15 Min. Fußweg; oder S-Bahn bis Grunewald, 15 Min. Fußweg

🚗 Über den Hüttenweg bis Forsthaus Paulsborn, 5 Min. Fußweg

P Kostenloser Parkplatz am Forsthaus Paulsborn

♿ Behindertengerechter Zugang

Ein Geheimtip für alle kleinen Naturfreunde und die, die es werden wollen: Mitten im Wald im **Jagdschloß Grunewald** liegt versteckt in einem kleinen Fachwerkhäuschen das Waldmuseum. Zuerst sieht man in zwei **Walddioramen** - das sind dreidimensionale nachgebildete Landschaften – an die 50 ausgestopfte Tiere, die in den Wäldern von Berlin und Brandenburg leben.

Die Tierpräparate dürfen natürlich nicht angefaßt werden, aber sonst kann wirklich alles, was zum Wald gehört, berührt werden: Federn, Baumpilze, Fraßspuren, Vogel-

Das Waldmuseum im Grunewald

Viel Interessantes erfährt man im Waldmuseum spielend

nester und Nisthilfen, Zapfen, Gewölle, Moose und Flechten und Kuriositäten wie besonders gewachsene Baumteile oder Wurzeln.

Viel Spaß machen auch die Ratespiele: Beim Vogelstimmenquiz mit 24 Vogelstimmen und beim Baum-, Schüttel- oder Geräuschequiz kann man zeigen, was man schon weiß über den Wald und seine Lebewesen. Da muß man manchmal wirklich aufmerksam schauen und lauschen, denn es ist ganz schön schwer, zum Beispiel Kiefernnadeln oder Eicheln nur am Klang zu erkennen.

Außerdem finden neugierige kleine Forscher und Forscherinnen Dinge aus der Natur in verschiedenen geheimnisvollen Grabbelkisten. Besonders kleine wunderbare Funde aus Wald und Flur sieht man unter Mikroskopen.

Und für alle, die noch mehr wissen wollen zum Thema Wald und Naturerleben, gibt es eine **Handbibliothek.**

In diesem **unbedingt empfehlenswerten** Museum zum „Anfassen" finden begeisterte Stadtkinder spielerisch Zugang zur Natur.

- Für Schulklassen und andere Kindergruppen schließt sich an den Museumsbesuch regelmäßig eine **Waldwanderung** unter pädagogischer Anleitung an, um den Kindern über Naturerlebnisspiele den Wald nahezubringen, sie neugierig zu machen und Wissen zu vermitteln. Also bitte an wetterfeste Kleidung denken! Anmeldung unter ☎ 030-813 34 42 ist erforderlich.
- Für Kitamitarbeiter und Studenten werden **Seminare** angeboten. Informationen über die verschiedenen Angebote gibt es unter ☎ 030-813 34 42.

Zucker-Museum

Zucker ist süß und macht Karies (wenn man sich die Zähne nicht richtig putzt). Daß das bei weitem nicht alles ist, was man über Zucker oder das süße Kristall wissen sollte, erfährt man bei einem interessanten Besuch im Zucker-Museum.

⊞ Amrumer Str. 32, 13353 Berlin;
  Außenstelle des Deutschen Technikmuseums Berlin

✆ 030-31 42 75 74

🕐 Mo–Mi 9–17 Uhr, So 11–18 Uhr

🍬 Kinder, Jugendliche: DM 2,-; Eintritt frei für vorangemel-
  dete Schulklassen; Erwachsene: DM 4,50; Familienkarte:
  DM 7,-

☞ Kostenlose Führungen So um 11.30 und 14.30 Uhr, Mo–Mi
  um 15 Uhr; ansonsten nach Voranmeldung unter
  🕐 030-31 42 75 74 kostenpflichtig (40,- DM)

🚌 U9 bis Amrumer Straße; U6 bis Seestraße; Bus 126

P Parkmöglichkeiten auf dem Mittelstreifen der Straße

📖 Schülerbibliothek geöffnet nach Voranmeldung

♿ Behindertengerecht: Rollstuhlfahrer bitte telefonisch vor-
  anmelden

Zucker kennt doch jeder. Von wegen! Daß es noch mehr über Zucker zu wissen gibt, als daß er süß und weiß ist und Karies machen kann, weiß jeder, der einmal im Zucker-Museum war.

Hier lernt man wirklich **alles über Zucker**: in naturwissen-schaftlichen, technischen und technologischen Bereichen, in der Landwirtschaft, Wirtschaftsgeschichte, Volkskunde und Kunst. Denn wer wußte schon, auf welchem Weg das **Zuckerrohr** nach Südamerika kam, daß es ein Berliner Chemiker und Apotheker war, der den Zucker in der Runkelrübe entdeckte oder etwa wie man darauf kam, Zucker in Würfelform herzustellen.

Plantagen- und Sklavenwirtschaft veranschaulichen die zum Teil grausame Geschichte des Zuckerrohranbaus und der -verarbeitung. Erst die Entdeckung des Rübenzuckers in Europa – der Zuckerrübe wird als **Königin der Feldfrüchte** gehuldigt – begann dem ein Ende zu machen.

• Für die Arbeit an den Schulen stehen Schülern und Lehrern folgende Medien zur Verfügung: ein 14-minütiger Videofilm „Zucker, von der Rübe zum Zucker"; zwei Diaserien („Kristalle des Lebens" und „Gewinnung von Zucker in der Zuckerfabrik"); Overheadfolien („Kulturgeschichte des Zuckers und Gewinnung von Zucker"); Bücher zu verschiedenen Themen rund um den Zucker. Für die Ausleihe ist eine Terminabsprache unter ℂ 030-31 42 75 74 erforderlich.

Zuckerhüte aus aller Welt

Auch durchaus erlebenswert

Natürlich gibt es noch mehr Museen in Berlin, die aber nicht extra für Kinder und Jugendliche konzipiert sind, trotzdem aber einzelne, interessante Veranstaltungen, Führungen und Aktivitäten für Kinder oder Jugendliche anbieten.

Berlin-Charlottenburg
Käthe-Kollwitz-Museum, Fasanenstr. 24, 10719 Berlin, ℡ 030-882 52 10. Einmal im Jahr wird eine Schülerkulturwerkstatt mit Werkstatttagen für praktisches Arbeiten für Schulklassen angeboten.

Berlin-Kreuzberg
Kreuzberg-Museum für Stadtentwicklung und Sozialgeschichte, Adalbertstr. 95, 10999 Berlin, ℡ 030-25 88 62 33. In der Museumsdruckerei können Kinder nach Anleitung selbst drucken. Außerdem gibt es einen Spielplatz auf dem Museumsgelände.

Berlin-Lichtenberg
Heimatmuseum Lichtenberg, Parkaue 4, 10367 Berlin, ℡ 030-55 04 27 21 oder 55 04 27 22. Mit Schülern werden Forschungs- und Austellungsprojekte realisiert. Außerdem bietet das Haus besondere Veranstaltungen sowie Begleitprogramme im Rahmen thematischer Ausstellungen für Kinder und Jugendliche an.

Berlin-Köpenick
Grünauer Wassersportmuseum, Regattastr. 141, 12527 Berlin, ℡ 030-674 40 02. Die Führungen von Werner Philipp sind besonders für Schulklassen sehr interessant.

Berlin-Marzahn
Heimatmuseum Marzahn, Alt-Marzahn 23, 12685 Berlin, © 030-542 40 53. Für Kinder bietet das Haus Begleitprogramme zu einzelnen Sonderausstellungen an.

Berlin-Mitte
Märkisches Museum, Am Köllnischen Park 5, 10179 Berlin, © 030-30 86 60. Mittwochs und sonntags um 15 Uhr werden die Automatophone vorgeführt.

Berlin-Neukölln
Heimatmuseum Neukölln, Ganghoferstr. 3–5, 12043 Berlin, © 030-68 09 25 35. Hier gibt es extra für Schulklassen konzipierte Führungen von Museumslehrern. Anmeldung mittwochs von 13–15 Uhr unter
© 030-68 09 28 79.

Berlin-Pankow
Panke Museum, Heynstr. 8, 13187 Berlin,
© 030-489 40 47. In fast allen Räumen des Museums ist auch Spielzeug zu sehen. Außerdem werden dienstags von 14–17 Uhr alte Haus- und Heimarbeitstechniken vorgeführt; in den Berliner Schulferien von 10–17 Uhr. Mitprobieren ist dabei erlaubt.

Berlin-Spandau
Stadtgeschichtliches Museum Spandau, Zitadelle, Am Juliusturm, 13599 Berlin, © 030-339 12 64. Einmal im Jahr gibt es ein Museumskinderfest auf dem historischen Gelände.

Berlin-Steglitz
Botanischer Garten und Botanisches Museum, Königin-Luise-Str. 6–8, 14191 Berlin, © 030-83 00 60. Im Garten werden besondere Führungen für Kinder angeboten; Info unter ©
030-83 00 60 oder 83 00 61 19. Außerdem gibt es in den Sonderausstellungen des Museums jeweils eine Kinderecke.

Berlin-Treptow

Heimatmuseum Treptow, Sterndamm 102, 12487 Berlin, © 030-53 31 56 30. Hier gibt es extra für Schulklassen konzipierte Führungen.

Weitere Informationen über alle Berliner Museen finden Sie im Berliner Museumsführer, L&H Verlag, DM 25,–, ISBN 3-928119-16-8.

Nützliche Tips für Museumsbesucher

Lehrerfortbildung

In den Sammlungen und Sonderausstellungen der Staatlichen Museen zu Berlin bietet die Museumspädagogik verschiedene Kurse und Führungen an. Damit die Lehrerinnen und Lehrer den Museumsbesuch für die Fächer Kunst, Geschichte, Religion etc. besser nutzen können, werden die Themen in möglichst engem Bezug zum Unterricht behandelt. Museumspädagogische Angebote und Materialien werden vorgestellt und diskutiert. Information zu aktuellen Veranstaltungen und Kursen erhalten Sie bei der Museumspädagogik/Besucherdienst der Staatlichen Museen zu Berlin, ✆ 030-830 14 65.

Museums-Journal

heißt die umfassende und aktuelle Information zum Angebot Berliner Museen. Das vierteljährlich erscheinende Journal wird vom Museumspädagogischen Dienst Berlin und den Staatlichen Museen Preußischer Kulturbesitz herausgegeben. Es berichtet über Sonderausstellungen und Veranstaltungen, Bestand und Neuerwerbungen, Forschung und Entdeckungen, Museumsalltag und Museumspolitik. Erhältlich ist es im Museum oder direkt beim Museumspädagogischen Dienst; Preis: DM 10,-, Jahresabo: DM 40,-.

Museumspädagogik – Besucherdienst der Staatlichen Museen zu Berlin

Die Abteilung gibt Informationen und Vermittlungsangebote zu den Staatlichen Museen zu Berlin – Preußischer Kulturbesitz. In der Halde 1, 14195 Berlin, Anmeldung für Berliner Schulen unter ✆ 030-830 14 65; Anmeldungen für auswärtige Schulen unter ✆ 030-830 14 66 Mo–Fr von 8–12 Uhr. Informationszentrum im Pergamonmuseum, Eingang Kupfergraben, Bodestr. 1–3, 10178 Berlin, ✆ 030-20 90 55 66.

Museumspädagogischer Dienst Berlin

Der Museumspädagogische Dienst gibt verschiedene Publikationen (u. a. das Museums-Journal), Unterrichtsmaterialien und Führungsblätter heraus. Außerdem werden Video und Ton-Dia-Programme, Lehrerseminare und die Reihe „Schauplatz Museum" veranstaltet. Chausseestr. 123, 10115 Berlin. Informationen über das ständige Angebot erhalten Sie unter ✆ 030-282 49 41.

Schauplatz Museum

Das vom Museumspädagogischen Dienst veranstaltete vierzehntägige Festival findet jedes Jahr im Januar in verschiedenen Museen statt. Die Museen haben auch abends geöffnet für Sonderausstellungen, Theateraufführungen, Konzerte, Lesungen, Kino, und Diskussionen.

Stiftung Stadtmuseum Berlin

Das Landesmuseum für Kultur und Geschichte Berlins ist eine Dachorganisation für: Berlin Museum, Domäne Dahlem, Dorfmuseum Marzahn, Ephraim-Palais, Grünauer Wassersportmuseum, Galgenhaus, Jüdisches Museum, Knoblauchhaus, Märkisches Museum, Museumsdorf Düppel, Naturwissenschaftliche Sammlungen, Nikolaikirche, Sammlung industrielle Gestaltung, Schloß Friedrichsfelde, Schulmuseum Berlin, Sportmuseum Berlin.
Generaldirektion und Verwaltung: Poststr. 13/14, 10178 Berlin, ✆ 030-24 00 20. Besucherbetreuung und Führungen können unter ✆ 030-24 00 21 36 oder 24 00 21 46 vereinbart werden.

Stadtrundgänge

Kulturhistorische, kunsthistorische und historische Stadt-
rundgänge bieten u. a. an: Kultur Büro Berlin – Zeit für
Kunst e. V., ☎ 030-444 09 36;
art:berlin, ☎ 030-215 98 68;
StattReisenBerlin e. V., ☎ 030-455 30 28.

Welcome Card

Mit der Welcome Card haben Sie 72 Stunden freie Fahrt
mit allen Bussen und Bahnen der Verkehrsgemeinschaft
Berlin-Brandenburg sowie drei Tage lang kostenlosen Eintritt bzw. bis zu 50 % Ermäßigung bei Museen und Stadt-
rundfahrten. Die Karte für DM 29,- ist gültig für einen Erwachsenen und bis zu 3 Kinder unter 14 Jahren. Sie ist erhältlich in allen Tourist-Informationen, VBB-Verkaufstellen
sowie Hotels.

Aus unserem Programm

(Auszug)

Hamburger Museumsführer, DM 25,-
ISBN 3-928119-12-5

Berliner Museumsführer DM 25,-
ISBN 3-928119-02-8

Museumsführer Schleswig-Holstein DM 25,-
ISBN 3-928119-11-7

Museumsführer Harz Hannover DM 25,-
ISBN 3-928119-03-6

Museumsführer Rhein-Ruhr DM 25,-
ISBN 3-928119-08-7

Museumsführer Oberbayern München DM 25,-
ISBN 3-928119-14-1

Erlebnis Museum DM 35,-
Die 100 erlebnisreichsten Museen Deutschlands
ISBN 3-928119-05-2

Statuen in Potsdam DM 19,80
ISBN 3-928119-07-9

Das Gartenreich Dessau-Wörlitz DM 14,80
ISBN 3-928119-13-3

Märkische Dichterwege DM 49,80
ISBN 3-928119-17-6

In jeder Buchhandlung, im Museum oder beim
L&H VERLAG, Baumwall 5, 20459 Hamburg,
Tel 040-36 97 72 45, Fax 040-36 97 72 60.

Das Märchen von der
Notwendigkeit des Rauchens

Es war einmal, daß das Rauchen unbedingt
zum Erwachsenwerden gehörte. Heutzutage
haben die Kids den Durchblick.

Ohne
Rauch
geht's auch

Kostenloses Informationsmaterial zum Nichtrauchen erhalten Sie bei der BZgA, 51101 Köln.
Eine Anzeige der Bundeszentrale für gesundheitliche Aufklärung

NOTIZEN

NOTIZEN

NOTIZEN

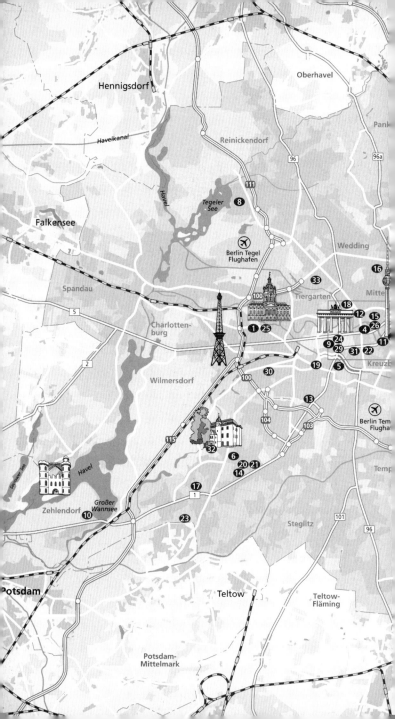